액션러닝으로 2판
수업하기

장경원 · 고수일 공저

KB011051

학지사

수업은 예술로 비유된다. 수업은 어떻게 가르칠 것인가에 대한 교수자
들의 수많은 고민과 시행착오의 결과이며, 학습자들과 함께 만들어 가는
하나의 작품이다. 몇 년 전만 해도 교수자에게 수업이란 자신이 알고 있
는 전문지식을 학생들에게 잘 전달하는 것이었다. 소매를 걷어 올리고 학
생들에게 열정적으로 강의하는 교수자와 강의를 들으며 열심히 노트에
필기하는 학생의 모습은 우리 모두에게 익숙한 수업 풍경이다. 이는 초·
중·고등학교 교실이나 대학 강의실이나 마찬가지였다.

그러나 이제 교실과 강의실은 변하고 있다. 많은 학교가 교육의 질에
관심을 가지면서 일방적인 교수자의 강의가 아닌 학생들이 스스로 참여
하고 고민할 수 있는 수업을 계획하고 실천하고 있는 것이다.

학생들이 중심이 되는 수업을 위해서는 교실에 많은 변화가 필요하다.
중요한 내용을 전달하는 것이 아니라, 중요한 내용을 스스로 찾아서 학습
할 수 있도록, 내용을 알아야만 해결할 수 있는 문제 또는 과제를 제시해
야 한다. 쉽고 재미있게 설명하기보다는 학생들이 더 많이 생각할 수 있
도록 질문하고 학생들의 답변에 귀 기울여야 한다. 시험 결과뿐만 아니라
학생들의 수업 참여 정도, 다른 학생들과의 관계, 협력하여 완성한 결과
물도 함께 평가해야 한다. 학생 역시 혼자서 노트 정리를 하고 이해하기
보다는 다른 학생들과 함께 서로의 생각을 이야기하고 새로운 아이디어

를 많이 생성하는 연습을 해야 한다.

이 책은 학생들이 중심이 될 수 있는 교수학습방법의 하나인 액션러닝에 대한 매뉴얼이다. 액션러닝은 본래 기업 맥락에서 사용된 것으로, 액션러닝에 대한 많은 자료가 기업 맥락에 초점을 두고 있다. 그러나 기업과 학교는 다른 목적을 가진 조직이므로, 학교를 위한 액션러닝은 학교 맥락과 교육목표 및 내용에 부합하도록 재해석하여 적용해야 한다. 이 책은 수업 운영의 관점에서 액션러닝을 재해석하였으므로 학교 맥락에서 액션러닝을 활용하는 데 가장 적절한 안내서가 될 것이다.

액션러닝을 소개받은 많은 교수자가 "정말 좋은 방법이다. 그러나 내 수업에는 맞지 않는 것 같다."는 반응을 보인다. 액션러닝이 정말 수업 시간에 실행할 수 있는 교수법인지, 또한 정말 효과가 있는지에 대해 반신반의하는 것이다. 그러나 저자들은 액션러닝이 학생들을 변화시키고, 수업을 변화시킨다고 자신 있게 말할 수 있다. 지난 몇 년간 액션러닝을 소개하고 알려 주는 자리에서 만난 많은 교수와 선생님이 자신들의 수업이 실제로 변했으며, 그 과정에서 자신과 학생 모두가 성장했다고 이야기했다.

이 책은 저자들이 액션러닝으로 수업을 하고, 다른 교수자들에게 액션러닝으로 수업할 수 있는 방법을 가르치면서 모은 직·간접적 경험의 기록이다. 또한 자신의 수업을 액션러닝으로 운영하길 원하는 교수자들이 수업을 설계하고 운영하는 데 필요한 도움을 주기 위한 것이다. 종종 액션러닝으로 수업하는 것을 아이스 브레이크나 스팟(spot)을 많이 하는 수업, 포스트잇을 활용하는 수업으로 잘못 소개하거나 받아들이는 경우가 있다. 독자들은 이 책을 통해 간접적이지만 액션러닝을 바르게 이해하고 경험할 수 있고, 수업 중 어떤 절차와 도구를 활용할 것인지 알 수 있으며, 나아가 스스로 과제해결 프로세스를 설계할 수도 있을 것이다.

이 책은 총 6개의 장으로 구성되어 있다. 1장에서는 전반적으로 액션러닝에 대해 소개하고, 액션러닝의 특징과 필요성, 그리고 액션러닝과 유사한 방법인 문제중심학습과의 차이점을 제시한다. 2장에서는 액션러닝 과제에 대해 안내한다. 액션러닝은 실제 과제를 다루는 것이므로, 수업에서 다룰 수 있는 실제 과제가 어떤 것인지 구체적으로 안내한다. 3장에서는 액션러닝을 위한 효과적인 도구들 중 기본적인 팀 학습방법에 대한 것으로, 학생들과 교수자의 기본 역량을 한 단계 끌어올릴 수 있는 전략을 소개한다. 4장에서는 액션러닝을 위한 효과적인 도구들 중 과제해결을 위해 필요한 아이디어를 도출 및 수렴하는 데 사용할 수 있는 도구들, 의사결정 시 활용할 수 있는 도구들, 과제의 성격에 맞게 유용하게 사용할 수 있는 과제해결 도구들, 과제해결을 위해 필요한 자료수집 시 유용하게 활용할 수 있는 수집 및 정리 양식들, 그리고 과제해결을 위한 토의를 진행할 때 어떠한 논리와 방법을 활용할 것인지 계획하는 토의 운영에 대해 자세하게 소개한다. 5장에서는 액션러닝으로 수업하기 위한 수업 설계의 과정과 내용을 안내한다. 6장에서는 액션러닝으로 수업을 운영하기 위한 단계와 구체적인 전략들을 안내한다. 부록에서는 액션러닝 수업 과정과 결과를 보다 생생하게 전달하기 위해 저자들의 실제 액션러닝 수업 사례를 제시한 '액션러닝 수업 포트폴리오'와 '액션러닝 수업 시나리오'를 소개하였다. 액션러닝 수업 포트폴리오는 액션러닝으로 수업을 운영한 후 그 결과를 정리·제시한 것으로 수업 사례를 보고해야 할 경우 참고할 수 있다. 액션러닝 수업 시나리오는 교수자가 실제 액션러닝으로 수업을 진행할 때 학생들에게 어떠한 질문과 피드백을 제공하는지 파악하고자 할 경우 참고할 수 있다.

마지막으로 Q & A에서는 액션러닝에 대한 교수자들의 공통적인 질문사항에 대한 답변을 제시하여 액션러닝에 대한 이해와 실행을 위한 전체적인 준비를 돕도록 하였다.

액션러닝으로 수업을 하고자 하는 교수자들에게 필요한 정보가 이 책에 빠짐없이 기술되어 있다고는 말할 수 없다. 그러나 저자들은 오랜 시간 동안 액션러닝에 대해 수집한 자료와 직간접적인 교수경험을 바탕으로 이 책을 썼다. 2판은 1판을 주교재로 여러 워크숍을 진행해 보면서 파악한 부족했던 점이나 미처 소개하지 못했던 점 등을 보완한 결과이며, 앞으로도 계속 보완해 나갈 것을 약속한다. 아무쪼록 교육현장에서 액션러닝을 실천하고자 하는 분들이 이 책을 통해 쉽게 액션러닝을 이해하고 실행할 수 있기를 바란다.

이 책의 출판에 기꺼이 응해 주신 학지사 관계자들과, 특히 정성스럽게 교정을 해 주신 이호선 씨께 깊은 감사의 말씀을 전하고 싶다. 또한 이 책을 집필하고 자료를 수집하는 데 도움을 준 가족과 주위의 많은 분들, 액션러닝에 관심을 갖고 실천한 경험을 공유해 주신 여러 교수님들, 각 대학 교수학습센터의 담당 선생님들, 초·중·고등학교의 선생님들, 그리고 각 시·도 교육지원청의 연구사님과 장학사님들께 이 자리를 빌려 감사의 마음을 전한다.

2014년 1월

장경원, 고수일

4장 액션러닝을 위한 효과적인 도구들 II · 89

5장 액션러닝 수업 설계 · 145

6장 액션러닝 수업 운영 · 177

1장

액션러닝에 대한 이해

　　최근 학교에서는 학생들이 적극적으로 참여하고 다양하게 경험하는 과정에서 학습할 수 있는 학습자 중심의 교육에 높은 관심을 기울이고 있다. 학습자 중심 교육은 토의, 경험, 문제해결, 발표 등 다양한 방법으로 이루어질 수 있는데, 액션러닝은 이 모든 것을 포함하는 교수학습방법이라 할 수 있다. 그런데 액션러닝은 기업에서 그들의 당면 과제를 해결하기 위해 시작된 것이기 때문에 학교에서 교수학습방법으로 액션러닝을 활용하기 위해서는 이에 대한 정확한 이해가 선행되어야 한다. 이 장에서는 왜 액션러닝으로 수업해야 하는지, 액션러닝이란 무엇인지에 대해 알아보고자 한다. 또한 대학의 교수학습방법으로 많이 활용되고 있는 문제중심학습과 액션러닝을 비교하여 어떤 유사점과 차이점이 있는지 확인할 것이다.

1 왜 액션러닝인가

1) 직접 가르치는 것이 최선일까

> '이것도 중요하고 저것도 중요하니 모두 빠뜨릴 수 없다. 모두 다 설명해 줘야 한다. 아 …… 이제 다 설명했다. 학생들은 이것들을 대부분 이해하고 기억할 것이다'

교수자들은 열심히 가르친다. 그들은 수업내용을 설명하면서 위와 같은 생각을 할지 모른다.

그러나 [그림 1-1]은 우리의 기대를 완전히 무너뜨린다. 단 3일만 지나도 학생들은 읽은 것의 10%, 들은 것의 20%밖에는 기억해 내지 못한다고 한다. 열심히 가르친 교수자로선 힘 빠지는 사실이다. 그런데 [그림 1-1]을 자세히 보면 희망의 메시지를 발견할 수 있다. 학생들이 직접 행동하

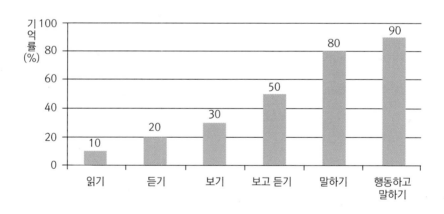

그림 1-1 ─ 3일 후, 학습방법에 따른 학습의 효과

출처: Kornikau & McElroy (1975).

고 말할 경우 학습내용의 90%를 기억한다는 것이다(Kornikau & McElroy, 1975). 학습의 효과를 기억으로 한정할 수는 없지만, 분석, 적용, 평가와 같은 보다 상위 수준의 학습효과를 얻기 위해서도 일방적으로 지식을 전달하는 것이 최선이 아님을 알 수 있다. 이제 수업은 교수자가 아니라 학습자들이 많이 이야기하고 생각하고 행동할 수 있도록 운영해야 할 것이다.

2) 사회에서 요구하는 인재상

몇 년 전 명문대 경영학과를 우수한 성적으로 졸업한 한 학생이 어느 대기업에 지원하였다. 졸업학점 평균이 4.5점 만점에 4.2점이고 토익점수가 900점대인 우수한 학생이었다. 많은 사람들이 이 정도라면 충분히 합격할 수 있다고 생각했다. 그러나 결론은 1차 면접 탈락이었다. 왜 그랬을까? 그 학생이 지원한 기업의 인사 담당자는 그 학생을 선발해야 할 이유가 없다고 했다. 면접 과정에서 그 학생의 대학생활 4년은 특별한 경험 없이 학교와 도서관 그리고 집을 왔다 갔다 한 것이 전부임이 드러났다. 즉, 성적은 우수하지만 그가 입사 후에 다른 사람들과 협동하며 주어진 과제를 잘 해결할 것이라고 기대할 만한 타당한 근거가 없다는 것이다.

사회가 원하는 유능한 인재란, 지식의 소유자보다는 지식을 문제해결에 적용할 수 있고 팀 구성원으로서의 역할과 기능을 다할 수 있는 사람이다(Blumberg, 2000). 따라서 대학은 사회에서 요구하는 인재를 양성하기 위해 학습자들에게 문제해결과 협동학습의 기회를 제공해 줄 수 있는 학습방법을 탐구해야 한다.

각국의 고등교육을 평가하는 지표로 공인받고 있는 스위스 국제경영개발대학원(International Institute for Management Development: IMD) 조사(IMD, 2010)에서 우리나라 대학들의 '경쟁사회 요구 부합도'는 조사 대상

57개국 중 46위로 최하위권에 머물렀다. 이는 국내 대학들이 사회와 시장이 요구하는 인재를 양성하는 데 실패했다는 것을 보여 주는 대목이다.

최근 직업능력개발원(2009)에서는 대학생들에게 요구되는 직업기초역량(core competency)을 제시하였다. 직업기초역량이란 직업 능력의 구성요소로서 직종이나 직위에 상관없이 대부분의 직종에서 직무를 성공적으로 수행하는 데 공통적으로 요구되는 지식, 기술, 태도 등을 말한다. 구체적으로 제시된 직업기초역량으로는 자기관리 역량, 대인관계 능력, 자원정보기술의 활용 능력, 글로벌 역량, 의사소통 능력, 종합적 사고력이 있다.

이러한 시대적 요구는 자연스럽게 교육의 변화를 요구한다. 이제 학교에서 이루어져야 하는 교육의 모습은 교수자가 지식을 효율적 · 효과적으로 전달하는 것이 아니라, 학생들이 참여하고 활동하고 생각할 수 있는 기회가 많은 수업이어야 한다.

대학생들에게 요구되는 직업기초역량

■ 대학생 직업기초역량이란
직업 능력의 핵심 구성요소로서 직종이나 직위에 상관없이 대부분의 직종에서 직무를 성공적으로 수행하는 데 공통적으로 요구되는 지식 · 기술 · 태도 등을 의미한다. 대학생 직업기초역량은 ① 자기관리 역량, ② 대인관계 능력, ③ 자원정보기술의 활용 능력, ④ 글로벌 역량, ⑤ 의사소통 능력, ⑥ 종합적 사고력의 여섯 가지 영역으로 구성되어 있다. 각 영역에 포함된 구체적인 내용은 다음과 같다.

■ 대학생 직업기초역량 진단 영역
① 자기관리 역량: 자기주도적 학습 능력, 계획 수립 및 실행 능력, 정서적 자기조절 능력 및 직업의식 평가

② 대인관계 능력: 정서적 유대, 협력, 중재, 리더십, 조직에 대한 이해 능력

③ 자원정보기술의 활용 능력: 시간 · 예산 · 인적 · 물적 자원, 문자 · 숫자 · 그림 정보, 정보통신 · 과학원리 · 기기작동기술 등을 수집 · 분석 · 활용하는 능력

④ 글로벌 역량: 외국어 능력과 다문화 이해 및 수용 능력

⑤ 의사소통 능력: 듣기, 읽기, 쓰기, 말하기 및 토론과 조정 능력

⑥ 종합적 사고력: 고등 정신능력인 평가적 · 대안적 · 추론적 · 분석적 사고력

출처: 직업능력개발원(2009).

3) 바람직한 교육의 모습

전통적으로 교육은 교수자의 주도하에 이루어졌다. 전통적 교육은 교실 안에 앉아 있는 학생들이 모두 칠판 앞에 서 있는 교수자를 바라보면서 교수자가 제시하는 정보를 수동적이고 소극적으로 받아들이는 방식으로 이

표 1-1 전통적 교육과 학습자 중심 교육

전통적 교육	학습자 중심 교육
교실 기반	과제 기반
개인 중심	집단 중심
투입 지향	산출물 지향
소극적	적극적
과거에 초점	현재 및 미래에 초점
비용에 초점	효과에 초점
교수자 주도	학습자 주도

출처: Cunningham (1999).

루어졌다.

교수자가 아닌 학생들이 많이 생각하고 활동하는 교실의 모습은 이와 다르다. 〈표 1-1〉에서 Cunningham(1999)이 비교한 것처럼, 전통적 교육을 대신하는 교육의 모습은 학생들이 교실 혹은 교실 밖에서 과제를 중심으로 함께 모여 적극적으로 논의하고 구체적인 결과물을 만들어 내는 것이다.

학습자 중심 교육이 이루어지기 위해 중요하게 고려해야 할 점은 다음과 같다.

첫째, 학습은 학습자들의 능동적·주도적 참여에 의해 이루어져야 한다. 교수자에 의해 학습내용이 제시 및 전달되는 것이 아니라 학습자들이 스스로 자료를 찾고, 정리하고, 적용하는 가운데 학습이 이루어져야 한다.

둘째, 학습자들은 학습한 내용에 대해 깊고 다양하게 이해하며 이를 실제적으로 활용할 수 있어야 한다. 학습자들은 학습내용을 이론적으로만 학습하는 것이 아니라 실제 맥락에서 그것이 어떻게 활용되는지 경험을 통해 학습해야 한다.

셋째, 학습자 중심 교육이 이루어지기 위해서는 교수자가 학습자들의 학습환경이 될 실제적 맥락의 문제를 제공해야 한다. 즉, 교육 목적에 부합한 맥락에서 학습하는 것이 필요하다.

넷째, 학습자들은 서로 협동하고 논의하며 학습을 수행하는 것이 바람직하다. 함께 학습하는 과정에서 더 많은 것을 배우며 학습방법과 협동방법을 배울 수 있다.

다섯째, 학습자와 교수자는 동등한 관계에서 서로 도움을 주고받으며 존중해야 한다. 교수자는 가르치는 사람이 아니라 질문하고 조언해 주는 조력자의 역할을 수행해야 한다.

여섯째, 학습과정에서 교수자와 학습자의 역할은 융통성 있게 이루어져야 한다. 교수자와 학습자의 역할이 고정된 것이 아니라 적절하게 서로 질문하고 대답하고 돕는 관계가 되어야 한다.

일곱째, 학습과정에서 경험한 것을 성찰할 수 있는 기회가 제공되어야 한다. 성찰을 통해 진정한 학습이 이루어질 수 있다.

여덟째, 학습자 중심 교육에서의 평가는 학습자 중심 교육의 특성에 맞게 평가 주체, 평가 대상, 평가 방법, 평가 시기가 고려되어야 한다(장경원, 이지은, 2009).

최근 학습자 중심 교육이 가능할 수 있도록 많은 모형 또는 이론이 제안되었는데 대표적으로 문제중심학습, 목표중심 시나리오, 인지적 도제, 상황학습, 액션러닝 등을 들 수 있다. 이 모형 또는 이론들의 공통점은 학습자들이 실제적 맥락의 과제를 해결하는 과정에서 학습이 이루어진다는 데 초점을 맞춘다는 점이다. 특히 액션러닝은 실제적 맥락이 아니라 실제 과제를 해결하는 과정에서 학습이 이루어진다는 것이 다른 모형들과 구별된다.

---

2 액션러닝이란

1) 액션러닝의 개념

액션러닝(Action Learning: AL)은 1954년 영국의 Revans가 국가석탄위원회 초대 교육훈련 담당관으로서 광부들을 대상으로 집단 컨설팅을 실시한 결과, 30% 이상의 생산성 향상 효과를 가져 온 이후 시작되었다. Revans는 병원, 정부 부처, 대학 등 다양한 분야에서 액션러닝의 개념을 적용한 프로젝트를 실시하고 그 성과를 전파하였다. 액션러닝은 1970년대 중반 이후 GE사가 도입하여 큰 성과를 보여 주었다. 1980년대 후반부터는 고급관리자 훈련과정, 중간관리자 훈련과정을 4주짜리 액션러닝으로 운영해 오면서 전 세계 액션러닝 프로그램의 전형으로 자리 잡았다.

Revans(1980)는 그의 저서 *Action learning: New techniques for management*의 첫 장에서 L = P + Q라는 공식을 소개하였다. L은 학습(Learning), P는 프로그래밍(Programming), Q는 질문(Questioning)이다. 이 공식은 학습이 이루어지기 위해서는 반드시 질문이 이루어져야 함을 나타낸다. 이후 Marquardt는 Revans의 공식을 L = P + Q + R로 확장하였다. R은 성찰(Reflection)이다. 새롭게 추가된 요소인 R(성찰)은 현재의 문제, 바람직한 목표, 전략 수립, 취해야 할 행동 계획 수립, 계획의 실행 등을 고려할 때 깊은 성찰을 할 수 있도록 해야 함을 강조하는 것이다(Marquardt, Leonard, Freedman, & Hill, 2009).

이러한 특성을 반영하여 여러 학자들이 액션러닝을 정의하였다. Revans(1980)는 액션러닝이란 문제 상황에서 관찰 가능한 행동을 향상시키는 의도적인 변화를 얻기 위해 현실적으로 복잡한 문제에 책임감을 갖고 관여함으로써 학습이 이루어지는 지적 · 감정적 · 신체적 발단 수단이라고 정의하였다. Marquardt(2004)는 액션러닝이란 소규모로 구성된 한 집단이 기업에서 직면하고 있는 실질적인 문제를 해결하는 과정에서 학습이 이루어지며, 그 학습을 통해 각 집단 구성원은 물론 조직 전체에 혜택이 돌아가도록 하는 일련의 과정이자 효과적인 프로그램이라고 정의하였다(박수홍, 안영식, 정주영, 2010 재인용).

액션러닝의 특성을 고려하여 좀 더 쉽게 정의한다면, 액션러닝은 과제해결을 위해 모인 구성원들이 실제 과제를 해결하거나 해결 방안을 도출하는 과정에서 질문과 성찰을 통해 학습이 이루어지는 프로세스라고 할 수 있다.

2) 액션러닝의 구성요소

액션러닝의 본질을 추구하기 위해서는 이를 구성하는 요소가 충족되어야 한다. 학자에 따라 액션러닝의 구성요소를 다양하게 제시하고 있지만, Marquardt(1999)가 제안한 구성요소가 가장 보편적으로 활용된다. Marquardt는 액션러닝의 주요 구성요소를 과제, 학습팀, 실행의지, 지식 습득, 질문 · 성찰 · 피드백, 러닝코치 등 여섯 가지 요소로 제시하였는데([그림 1-2] 참조), 구성요소 각각의 특징은 다음과 같다.

그림 1-2 ─ 액션러닝의 여섯 가지 구성요소

첫째, 과제다. 액션러닝의 가장 중요한 특징 중의 하나는 교육에 참가하는 개인 또는 팀이 실제 과제를 다룬다는 점이다. 과제는 조직에서 꼭 해결해야 할 중대하고 난해한 과제이어야 하며, 가상으로 만든 과제가 아니라 조직의 이익이나 생존에 직결되는 실제 과제이어야 한다. 과제를 해결할 때 팀이 하나의 과제를 다루는 팀 과제 방식(single project)이 일반적이지만, 구성원 각자가 과제를 가지고 와서 팀원들의 도움을 받으며 해결하는 개인 과제 방식(open group project)으로도 액션러닝이 이루어질 수 있다.

Teaching Tips — **개인 과제 방식**

액션러닝은 일반적으로 팀을 기반으로 한 것이기 때문에 구성원 각자가 자신의 과제를 해결하는 개인 과제 방식은 액션러닝이 아닌 것처럼 보일 수 있다. 그러나 과제를 해결하기 위한 아이디어 제공, 실천 경험 공유, 학습내용 도출 및 공유 등은 팀 내에서 이루어지기 때문에 기본적으로 팀을 기반으로 한 액션러닝이라 할 수 있다. 또한 Revans가 제안한 액션러닝의 초기 모습은 개인 과제 방식이었다.

둘째, 학습팀이다. 실제 과제는 팀원들이 함께 해결한다. 과제를 해결할 학습팀은 4~8명으로 구성하며, 학습팀을 구성할 때는 과제와 과제해결에 대한 창의적 접근이 가능하도록 다양한 시각과 경험을 가진 사람들이 다양하게 혼합될 수 있도록 한다. 이때 한두 사람이 팀의 활동을 주도하는 것을 방지하고, 토의와 비판이 자유롭게 이루어질 수 있도록 해야 하므로 가능하다면 구성원의 능력 수준이 비슷하게 팀을 구성하는 것이 바람직하다(Marquardt, 1999). 흥미로운 것은 액션러닝 방식의 수업에 참여한 학생들은 구성원들의 능력보다도 팀에 얼마나 성실하게 참여하며, 서로의 의견을 존중하는지가 과제를 해결하는 데 더 중요하다고 말한다(장경원, 성지훈, 2012).

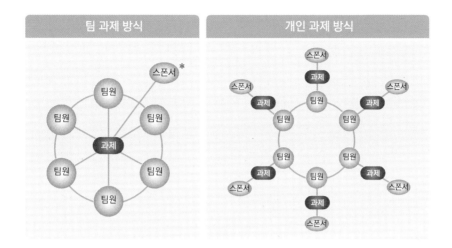

| 팀 과제 방식 | 개인 과제 방식 |

그림 1-3 ─ 팀 과제와 개인 과제의 방식 비교

* 액션러닝에서 스폰서란 과제 실행과 관련된 책임을 가지고 학습팀원을 지원하는 사람을 의미한다. 자신의 문제를 다룬다면 스폰서는 자기 자신이 될 수도 있다. 경우에 따라 스폰서는 의뢰인, 과제 제공자 등으로도 불린다.

구성된 학습팀은 [그림 1-3]과 같이 하나의 과제를 팀 구성원이 함께 해결할 수도 있고, 팀 구성원 각자가 각각 다른 과제를 해결할 수도 있다. 팀이 하나의 과제를 해결하는 것을 팀 과제(single project) 방식이라 하는데, 이 방식이 액션러닝이 이루어지는 가장 보편적인 형태다. 개인 과제 방식은 팀 구성원들이 각자 자신만의 개인 과제를 가지며, 과제를 해결할 때는 팀 구성원들 서로서로가 도움을 주고받는 형태를 말한다. 액션러닝이 이루어지는 상황에 따라 팀 과제 방식과 개인 과제 방식 중 선택할 수 있지만, 반드시 둘 중에 한 가지를 택해야 하는 것은 아니다. 팀 내에서 소집단을 구성한 뒤 두 방법을 혼합하여 2~3개의 과제를 해결할 수도 있다.

팀에서 하나의 과제를 함께 해결하거나 각자 자신의 과제를 해결하는 것 모두 팀이나 개인에게 의미 있고 중요한 학습의 기회가 되는데, 이때 각각의 경우가 갖는 장단점이 있으며, 과제의 주제나 범위도 달라진다(〈표 1-2〉

참조). 따라서 액션러닝 프로그램 설계 단계에서 과제의 범위 그리고 어떠한 방식으로 과제를 다룰 것인가를 결정해야 한다.

표 1-2 팀 과제와 개인 과제의 특성 비교

	팀 과제	개인 과제
과제 준거	• 팀의 모든 구성원들에게 의미 있는 실제의 일(과제) • 여러 영역/기능을 가진 복잡한 과제 • 알려진 해결안이 없는 과제 • 과제 스폰서가 관심을 가지고 있고 결과에 대해 지지할 수 있는 과제	• 구성원 개인의 실제 일(과제) • 알려진 해결안이 없는 과제 • (조직의 일이라면) 조직에서 관심을 가지고 있고 결과에 대해 지지할 수 있는 과제
장점	• 조직의 변화에 초점 • 다양한 부서(기능)를 만나고 일할 수 있는 기회 • 다른 회사를 방문할 수 있는 기회 • 조직에 중요한 영향을 미칠 수 있는 잠재력을 가진 프로젝트 수행	• 개인의 개발(발전)에 초점 • 현재 구성원이 다루고 있는 일에 초점 • 다양한 부서(기능)로 이루어진 팀이라면 회사의 다른 부서의 지식을 알 수 있는 기회 • 해결책을 실행하는 데 보다 용이
단점	• 본래의 팀(부서) 내에서의 팀 빌딩 기회 감소 • 팀 구성원들이 과제를 실제 과제가 아닌 하나의 프로그램으로 볼 수 있음	• 다양한 팀과 함께 조직의 과제를 다룰 기회 감소 • 하나의 과제에 집중하지 않고 여러 다른 과제로 시간과 노력이 분산됨

출처: O'neil & Marsick (2007).

셋째, 실행의지다. 액션러닝의 가장 큰 특징은 실패의 위험이 있는 실제 과제의 궁극적·실질적 해결을 전제로 한다는 것이다. 결정된 결과를 실행해야 한다는 점에서 액션러닝의 팀은 두뇌집단(think tank)이나 논쟁집단(discussion group)과 구별된다. 두뇌집단이나 논쟁집단을 통해서는 지적인 자극을 얻거나 환상적인 아이디어를 도출할 수는 있지만, 현실 세계에서는 아무런 영향을 끼치지 못한다. 이들이 제시한 아이디어를 실행에 옮겼을 때, 참가자들은 자신들의 아이디어가 효과적이고 실용적이었는지, 어떤 것을 간과했었으며 그 결과로 어떤 문제가 야기되었는지, 향후 어떻게 개선할 것인지, 해당 과제를 넘어 조직이나 참가자 각자의 삶에 아이디어를 어떻게 적용할 것인지를 판단할 수 있다(Marquardt, 1999). 학습팀에서 개발한 해결안이 실행으로 연결될 수 있다는 것은 학습팀으로 하여금 더욱 열정적이고 창의적으로 과제해결을 위해 노력하려는 동기를 유발시킨다. 또한 실행을 하면서 자신들이 제안한 해결안에 대해 다양한 질문과 의미 있는 성찰을 통해 진정한 학습이 이루어질 수 있다.

이처럼 액션러닝에서는 실행의지가 중요하기 때문에 기업에서는 액션러닝을 시작할 때 학습팀에게 과제를 제시한 상사나 부서와 함께 '과제 조인식'을 한다. 과제 조인식이란 과제를 '제시한' 주체와 과제를 '해결하는' 주체 간에 이루어지는 약속이다. 즉, 이제부터 학습팀이 해당 과제의 해결을 위해 최선의 노력을 기울일 것이며, 이 노력의 한 과정으로서 필요할 경우 제안된 해결안을 실행할 수 있는 권한과 책임을 가진다는 것을 승인하는 것이라 할 수 있다. 이는 액션러닝에서 실행을 강조하는 맥락으로서, Marquardt가 보완하여 제시한 L = P+Q+R의 공식에 I(Implementation: 실행)를 더해 L = P+Q+R+I로 확장된 개념이라고 할 수 있다(Marquardt, 1999).

넷째, 과제와 해결 과정에 대한 지식 습득이다. 액션러닝에서 학습팀원들은 함께 과제를 해결하는 과정에서 비판적으로 학습하고 사고하는 법을 배우고, 과제해결 시 발생하는 다양한 문제 상황을 해결할 수 있는 기술을 습득·개발하며, 리더십을 발휘하는 방법을 학습한다(Marsick, Cedrholm, Turner & Pearson, 1992). 즉, 액션러닝은 참가자들에게 과제와 직접 관련된 내용에 대한 지식뿐만 아니라 해결 과정에 대한 지식을 습득하게 한다. 액션러닝 과정에서 익힐 수 있는 과제해결 과정과 관련된 지식으로는 다양한 과제해결 기술, 팀 리더십, 커뮤니케이션 기술, 프레젠테이션 기술, 프로젝트 매니지먼트, 갈등관리, 회의 운영 기술, 학습팀 기술 등이 있다.

다섯째, 질문과 성찰 그리고 피드백이다. 액션러닝이 다른 학습방법과 구별되는 것은 과제를 해결하는 과정에서 학습이 이루어진다는 것이다. 이때 설명이나 시범과 같이 교수자가 주도하여 학습이 이루어지는 전통적인 방식이 아니라, 학습팀이 과제를 해결하기 위해 과제의 본질과 효과적으로 과제를 해결할 수 있는 방안에 대해 스스로 탐구하고 질문 및 성찰하는 과정에서 학습이 이루어진다. 앞서 제시한 것처럼, 액션러닝에서의 학습은 지식에 질문과 성찰이 더해지면서 이루어진다.

여섯째, 러닝코치다. 러닝코치란 학습팀의 과제 수행과 학습이 효과적으로 이루어지도록 개입하는 사람으로서, 집단에서 다루는 토의 주제에 대해 중립을 취하며 의사결정을 할 수 있는 공식적인 권한은 부여되지 않은 사람을 말한다. 러닝코치는 학습팀이 과제를 명확히 정의하고 타당한 과제해결 방법을 탐색하여 올바른 의사결정을 할 수 있도록 도움을 제공한다. 동시에 학습팀원들이 과제를 해결하는 데 필요한 효과적인 질문과 피드백, 성찰을 통해, 과제해결의 내용적 측면뿐만 아니라 프로세스 측면에서도 학습이 이루어지도록 도와주는 역할을 한다.

3) 교수자와 학습자의 역할 변화

액션러닝 수업에서 교수자는 러닝코치의 역할을 한다. 러닝코치의 기본적인 역할은 공동학습자로서의 역할이다. 과제의 주제와 범위 선정을 도와주고, 학습자들의 과제해결을 촉진하며, 학습자의 학습과정을 살펴야 한다. 즉, 교수자는 촉진자 내지 공동학습자로서 학습자와 최대한 상호작용을 하도록 노력해야 한다.

〈표 1-3〉에서 보여 주듯이, 교수자는 과제 수행을 일방적으로 주도하기보다는 학습자를 존중하고 학습 분위기를 조성하는 데 초점을 두어야 한

표 1-3 러닝코치로서 교수자의 바람직한 행동과 피해야 할 행동

바람직한 행동	피해야 할 행동
학습 분위기 조성	일방적인 수업 주도
전원 참석 유도	학습자 반응 무시
학습자의 의견 존중	내용에 대한 비판, 반론
피드백 제공 및 성찰 독려	내용 전달에만 초점
스스로 문제해결 방법 도출할 수 있도록 지원	문제해결 방법 제시
준비된 수업 진행	즉흥적인 수업 진행
스스로 답을 찾게 하는 질문 제시	모든 것을 자신이 설명

다. 무엇보다 중요한 것은, 모든 것을 자신이 설명하기보다는 학습자들이 스스로 답을 찾을 수 있게 적절한 질문을 던지는 것이다.

교수자는 수업 시간뿐만 아니라 수업 이외의 시간이라도 필요하다면 온라인 공간이나 오프라인 공간에서 학습자들의 학습과정을 확인하고 도와야 한다. 그러나 액션러닝에서 과제를 해결하는 주체는 학습자이며, 교수자는 학습자들이 과제해결을 잘 수행할 수 있도록 돕는 조언자, 관찰자, 촉진자 등의 역할을 수행해야 함을 기억해야 한다.

액션러닝 수업에서 학습자는 수동적인 청취자가 아니라 적극적인 참여자가 되어야 한다. 교수자가 러닝코치로서 도움을 주겠지만 기본적으로 학습자는 주도적으로 과제의 주제와 범위를 선정하고, 과제를 해결하고, 그 과정에서 내용과 과제해결 기술을 학습한다. 따라서 학습자는 팀 내에서 과제해결을 위해 해야 할 역할을 충실히 하고, 스스로 학습하는 방법을 습득하여 실천해야 한다.

이와 같은 교수자와 학습자의 역할에 대해서 교수자뿐만 아니라 학습자들도 잘 알아야 한다. 액션러닝으로 운영되는 수업에서는 학습자들에게도 교수자와 학습자의 역할을 강조하여, 학습자들이 스스로 과제를 해결해 나갈 수 있다는 자신감 및 동기를 형성할 수 있도록 의욕적인 분위기를 조성해야 한다.

3 액션러닝 vs 문제중심학습

전통적 교수학습방법과 비교하여 학습자 중심의 수업을 운영하는 모델로 액션러닝과 함께 많이 활용되고 있는 것이 문제중심학습(Problem Based Learning: PBL)이다.

1) 문제중심학습의 개념 및 배경

문제중심학습이란 학습자들에게 실제적인 문제를 제시하여, 학습자들이 제시된 문제를 해결하기 위해 공동으로 문제해결 방안을 강구하고, 개별학습과 협동학습을 통해 문제의 해결안을 마련하는 일련의 과정에서 학습이 이루어지게 되는 학습방법이다(Barrows, 1985).

문제중심학습은 원래 1970년대 중반에 의과대학 교육의 문제점을 개선하기 위해 개발된 교수학습모형이었다. 문제중심학습을 모형으로 정리하여 처음 소개한 Barrows(1994)는 의과대학 학생들이 오랫동안 매우 힘든 교육을 받으면서도, 인턴이 되어서는 실제 환자들을 진단하는 데 어려움을 겪는 것을 발견했다. 그는 이러한 현상이 전통적인 의과대학 교육에 문제가 있음을 나타내는 것이라 생각하고, 의과대학 학생들이 졸업 후 직면하는 이러한 상황에 대처하기 위한 중요한 기능인 추론기능과 자기주도적 학습기능을 육성하기 위한 방법으로 문제중심학습을 제안·활용하였다.

이처럼 문제중심학습은 의과대학의 독특한 교육적 요구 상황에 대응하기 위해 개발된 교수학습방법이지만 고차적 추론기능과 자기주도적 학습기능, 문제해결력 등은 모든 전문 영역에서 공통적으로 요구되는 기능들이기 때문에 의학뿐만 아니라 공학, 경영학, 교육학, 법학 등 다양한 전공에서 주목받고 활용되고 있다(최정임, 장경원, 2010).

2) 액션러닝과 문제중심학습의 유사점

학습자 중심의 교수학습방법으로 소개되고 있는 액션러닝과 문제중심학습은 다음과 같은 유사점을 갖는다.

첫째, 액션러닝과 문제중심학습은 모두 학습자들의 직접적인 경험을 통해 의미 있는 학습이 이루어질 수 있다는 인식을 갖고 있다.

둘째, 액션러닝과 문제중심학습은 실제적 과제(문제)해결을 통해 학습이 이루어진다.

셋째, 액션러닝과 문제중심학습의 학습자는 자기주도적으로 과제(문제)해결에 필요한 자료를 수집·분석·종합·적용해야 한다.

넷째, 각각 러닝코치와 튜터라고 불리는 교수자는 액션러닝과 문제중심학습에서 내용 전달자가 아닌 학습의 조력자 역할을 수행한다.

다섯째, 액션러닝과 문제중심학습은 팀원들의 협동을 중요시하며, 협동 과정에서 이루어지는 논의를 통해 과제(문제)해결 능력이 향상될 수 있음을 강조한다.

여섯째, 액션러닝과 문제중심학습은 학습과정과 학습결과에 대한 성찰을 강조한다.

3) 액션러닝과 문제중심학습의 차이점

액션러닝과 문제중심학습은 이처럼 많은 부분에서 공통점을 갖고 있기 때문에 두 모형을 동일하게 인식하기도 하지만 분명한 차이점을 갖고 있다. 두 모형의 기원을 살펴보면 액션러닝은 기업에서, 문제중심학습은 대학에서 처음 시작되었다. 각각 기업과 대학에서 시작되었기 때문에 과제(문제)의 특성, 과제(문제)해결 프로세스, 강조점 등에서 차이점이 나타난다.

표 1-4 액션러닝과 문제중심학습의 비교

구분	액션러닝	문제중심학습
기원	• 기업에서 조직 내 문제를 해결하기 위해 제안됨	• 의과대학에서 전문가 개발을 목적으로 제안됨
과제(문제)	• 실제 과제	• 실제적 문제 • 교수자가 학습목표를 달성할 수 있도록 구성한 실제 혹은 가상의 상황 문제
과제(문제) 해결 프로세스	• 액션 리서치(Action Research)에 기반 • 과제에 접근하는 프로세스를 한 가지로 한정하지 않음	• 의사들의 임상추론 과정에 기반 • 문제에 접근하는 프로세스를 제시함
강조점	• 학습보다는 과제해결에 초점(그러나 인력 개발을 목적으로 할 경우에는 학습에 더 초점을 둘 때도 있음)	• 문제해결보다는 학습에 초점

첫째, 과제의 실제성이다. 두 모형 모두 과제의 실제성을 강조하지만, 액션러닝에서 다루는 과제는 실제 과제(real issues)이고, 문제중심학습에서의 문제는 실제적 문제(authentic problem)다. 즉, 문제중심학습에서는 현존하지 않지만 얼마든지 실제 맥락에서 있을 수 있는 가상의 문제를 개발하여 활용할 수 있지만, 액션러닝에서는 현실에서 해결해야 하는 실제 과제이어야 한다([그림 1-4] 참조).

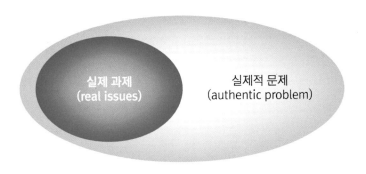

그림 1-4 ─ 실제 과제와 실제적 문제

둘째, 과제(문제)해결 프로세스다. 과제(문제)해결 프로세스는 일반적으로 '과제 명확화 → 과제해결을 위한 연구 → 해결안 모색 → 실행'의 단계로 이루어진다. 이러한 프로세스는 아마도 우리가 살면서 경험하는 일상의 과제부터 전문성이 요구되는 전문 분야의 과제까지 모두 적용될 것이다. 액션러닝과 문제중심학습에서 다루는 과제(문제)해결 프로세스 역시 동일하다. 다만, 액션러닝에서는 '과제 명확화 → 과제해결을 위한 연구 → 해결안 모색 → 실행'의 단계를 거칠 때 과제의 성격 및 맥락에 따라 다른 방식으로 세분화된 절차나 과제해결 도구를 활용해야 한다. 혹은 새로운 절차나 도구를 고안해서 활용해야 한다. 반면, 문제중심학습에서의 문제해결 프로세스는 의사들의 임상추론과정을 토대로 개발된 '문제 확인 → 문제해결을 위한 자료 수집 → 학습내용 공유 → 문제 재확인 및 해결안 도출 → 문제해결안 발표 → 학습결과 정리 및 평가'라는 절차에 따라 이루어진다. 따라서 두 모형의 과제(문제)해결 프로세스가 미시적인 측면에서는 차이가 있음을 알 수 있다.

셋째, 조력자의 역할이다. 액션러닝과 문제중심학습에서 각각 러닝코치와 튜터가 학습의 조력자 역할을 하는 것은 동일하다. 그러나 액션러닝에서는 앞서 언급한 것처럼 과제의 성격과 맥락에 따라 적합한 과제해결 프로세스 및 과제해결 도구가 다를 수 있고, 종종 새로운 절차나 도구를 고안하는 것이 필요하다. 따라서 러닝코치가 해야 하는 조력자의 역할에는 적절한 과제해결 프로세스와 과제해결 도구의 선택과 개발 및 학습자들이 이를 잘 활용할 수 있도록 안내하는 역할도 포함된다.

넷째, 과제(문제)해결과 학습에 대한 강조점이다. 두 모형 모두 과제(문제)를 해결하는 과정에서 학습이 이루어지는 것을 강조하지만, 액션러닝은 과제해결에 더 큰 비중을 두고, 문제중심학습은 학습에 더 큰 비중을 둔다. 이러한 이유로 액션러닝에서는 실제 과제를 선정하는 것이 중요하고, 문제중심학습에서는 교육목표와 교육내용에 부합하는 문제를 개발하는 것이 중요하다. 그러나 교수학습방법으로 액션러닝을 활용하고자 할 때는 기업과 달리 교육목표를 달성하는 것이 중요하므로 교육목표 및 교육내용에 부합한 과제를 선정하도록 주의를 기울여야 한다.

2장
액션러닝 과제

　액션러닝이 무엇인지 잘 이해한 교수자들도 막상 자신의 수업을 액션러닝으로 운영하려고 할 때 어떤 과제를 다룰 것인지 막막해한다. 기업에는 기업의 이익이나 성장을 위한 당면 과제나 발전적 과제가 존재한다. 따라서 기업에서의 액션러닝은 현장의 요구가 반영된 실제 과제를 중심으로 이루어진다. 그러나 학교 수업에서의 액션러닝은 현장의 요구와 필요에 앞서, 해당 교과목에서 배워야 할 학습내용이 있기 때문에 이를 고려한 과제를 선정해야 하는 어려움이 있다. 과제가 적절하게 선정되지 않으면 해당 수업 학생들의 학습권이 침해될 수 있기 때문이다. 그렇다면 학교에서의 액션러닝은 어떤 과제를 다루어야 할 것인가? 이 장에서는 액션러닝에서 다루는 과제가 갖추어야 할 조건과 전공 및 교과목별 과제 사례 그리고 과제 유형별 과제해결 프로세스에 대해 알아보고자 한다.

1 액션러닝 과제의 조건

액션러닝은 과제에서 시작한다. 과제 수행 과정에서 학습이 이루어지도록 하는 것이 액션러닝의 핵심이다. 학습자들은 과제해결 과정에서 학습하므로 과제는 학습을 위한 의미 있는 기회를 제공해야 한다. 과제가 적절히 어렵고 도전적일수록 학습자들의 학습량과 질도 높아질 수 있고 성취감도 크다. 따라서 액션러닝에서 과제의 선택은 매우 중요하다. Marquardt(이태복 역, 2004)는 액션러닝 과제의 기준으로서 중요성, 긴급성, 적합성, 친숙성, 유의미성, 학습기회, 학습팀의 실행력, 해결안의 부재 등 여덟 가지를 들고 있지만, 학교에서의 액션러닝을 위한 적절한 과제는 다음과 같은 다섯 가지 기준을 충족하는 것이 바람직하다.

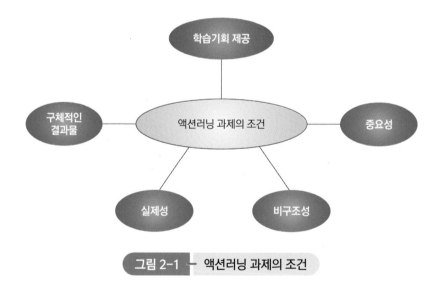

그림 2-1 ─ 액션러닝 과제의 조건

1) 학습기회 제공

액션러닝의 과제는 학습목표에 부합하는 내용을 습득할 수 있는 학습기회를 주는 것이어야 한다. 액션러닝은 과제해결 역량과 대인관계 역량 등 다양한 역량을 개발할 기회를 준다. 그러나 중요한 것은 이 과제가 교수자가 추구하는 학습목표와 부합하는 학습기회를 주는지의 여부다. 그래서 과제를 수행하는 과정에서 이 과제가 어떤 학습기회를 제공할지에 대해 검토하는 것이 중요하다. 사실, 이후에 제시할 과제의 조건들인 중요성, 비구조성, 실제성, 구체적인 결과물 등도 학습기회를 높이는 데 공헌하는 요인들이라고 할 수 있다.

2) 중요성

과제는 그 과제와 관련된 개인이나 조직에 중요한 것이어야 한다. 과제가 중요할수록 학습자들은 더 많은 열정과 관심을 가지고 몰입하게 된다. 과제가 중요하지 않거나 너무 단순하면 학습자들에게 도전감이나 사명감이 생기기 어렵다. 또한 학습자들은 자신들의 역량이 신뢰받지 못한다고 생각할지도 모른다. 이 경우 학습자들은 역량을 최대한 발휘할 기회를 가지지 못하게 되며, 그만큼의 학습기회를 가질 수 없게 된다. 과제가 중요하지 않으면 과제를 마친 후에도 학습자들이 성취감을 갖기 어려울 것이다.

3) 비구조성

액션러닝의 과제는 비구조화된 것이어야 한다. 구조화된 과제는 제한된 특정 상황에서 제한된 수의 개념, 원칙 및 원리의 적용을 요구한다. 구조화

표 2-1 문제의 유형

잘 구조화된 문제	논리적 문제	명확한 하나의 답과 해결 절차가 존재하는 문제
	연산 문제	수학과 과학 문제처럼 예측 가능한 절차를 사용하여 해결하는 문제
	이야기 문제	연산의 해결에 필요한 값을 간단한 설명이나 상황 안에 포함하는 문제
	규칙 적용 문제	정확한 해결책은 있지만 다양한 방법과 이에 따른 결과가 불확실한 문제
	의사결정 문제	한정된 수의 해결책 가운데 어떤 것을 결정해야 하는 문제
	장애 해결 문제	어떤 체제의 장애를 진단하고 고치는 것을 목표로 하는 문제
	진단–해결 문제	장애 해결 문제와 비슷하지만 보다 다양한 해결책과 해결방법을 가지고 있는 문제
	전술/전략 수행 문제	어떤 전략 수행을 위해 몇 개의 전술 활동을 수행하여 복잡한 의사결정을 해야 하는 문제
	사례/체제 분석 문제	해결책을 정당화하기 위해 문제의 특성과 다양한 관점을 밝혀야 하는 문제
	설계 문제	무수한 해결책이 존재하므로 선택한 설계에 대해 정당화하는 과정이 필요한 문제
구조화되지 않은 문제	딜레마 문제	보편적이고 완전한 해결책을 얻는 것이 불가능한 문제

출처: Jonassen (2000).

된 과제는 초기 상태와 목적 상태가 명확하게 정의되어 있고, 과제해결을 위한 단일한 해결안과 해결 경로를 가지고 있다.

반면, 비구조화된 과제는 문제와 관련된 상황이나 요소가 분명히 정의되어 있지 않고 과제해결을 위해 정보가 충분히 포함되어 있지 않다. 따라서 비구조화된 과제는 다양한 해결 경로와 해결안을 가지고 있다. 학습자들은 최선의 해결안을 도출하기 위해 노력해야 하고 그 해결안이 다른 대안들보다 우수하다는 점을 증명하고 설득할 수 있어야 한다.

Jonassen(2000)은 우리가 직면하는 문제들을 구조화 정도에 따라 〈표 2−1〉과 같이 유형화하였다. 이 문제 유형들을 액션러닝의 과제에 적용해 보자. 상대적으로 구조화가 많이 되어 있는 논리적 문제, 연산 문제, 이야기 문제, 규칙 적용 문제와 가장 구조화되지 않은 것으로 분류된 딜레마 문제와 같은 성격을 가진 과제는 액션러닝을 하는 데 적합하지 않다고 할 수 있다. 그 나머지 문제 유형들, 즉 의사결정 문제, 장애 해결 문제, 진단−해결 문제, 전술/전략 수행 문제, 사례/체제 분석 문제, 설계 문제의 성격을 가진 과제가 액션러닝의 과제로 적합하다고 할 수 있다.

4) 실제성

액션러닝의 과제는 실제의 것이어야 한다. 학습자의 흥미를 유발하는 한 가지 방법은 실제 과제를 다루는 것이다. 액션러닝은 실제 상황에서 실존하는 과제를 해결하고 이 과정에서 학습이 이루어지는 프로세스다. 실제 과제는 지식을 단순히 이해하는 것이 아니라, 지식을 활용하도록 요구한다. 또한 실제 과제는 지식이나 기능이 별도로 구분되어 있지 않고 과제가 제시된 맥락 안에서 이해되고 사용된다. 이러한 실제 과제는 과제를 해결해야 하는 정당성과 도전감을 일으키며, 학습자를 더 집중시키기 위한 동기를 유발한다.

과제의 실제성을 갖추기 위한 방법은 다양하다. 반드시 실제 대상의 문제를 해결하거나, 변화시키는 것이나, 창작하는 것만 실제는 아니다. 학습자가 단순히 이론을 암기하는 것이 아니라 외부에 이론을 발표하거나 토의에 참여한다면 실제 과제가 된다. 결과물을 교실에서 단순히 발표하는 데 그치지 않고 과제 관련자나 다수의 외부인에게 발표 또는 공개한다면 이 역시 실제 과제가 된다.

학교의 경우, 과제의 결과물을 평가해 줄 수 있는 외부의 과제 스폰서를 확보하는 일은 쉽지 않으며, 마땅한 과제 스폰서를 생각하기 어려운 경우도 많다. 그렇다고 교실에서 발표하는 것으로 그치면 실제성이 떨어져 학습효과나 동기유발에도 바람직하지 않다. 이 경우엔 교실이 아닌 외부에서 평가할 수 있는 방법을 찾을 수 있다. 다음의 예를 보자.

> 과제 예시: (건축공학) 공대 1호관 3층과 공대 3호관 2층 사이에 연결 통로를 계획하되, 현재 주차 및 차량 동선에는 영향을 미치지 않아야 한다.

이 과제의 경우 외부에서 평가를 받을 수 있도록 해당 건물 밖에 가판대를 걸어 놓고 투표용 스티커를 놓아 지나가는 학생들에게 의견을 물을 수 있다.

이와 유사하게, 시·소설 등의 문학작품을 창작한 경우에는 블로그와 같은 SNS를 활용하여 네티즌들의 평가를 받게 함으로써 과제의 실제성을 높일 수 있다.

5) 구체적인 결과물

액션러닝의 과제는 구체적인 결과물이 존재해야 한다. 구체적인 결과물이란 반드시 유형의 것만을 의미하지는 않는다. '행동의 변화'나 '관계의 변화' 등 변화된 상태나 결과 등 무형의 결과물을 포함하는 개념이다. 액션러닝에서의 학습은 경험과 성찰이 반복되는 과정에서 이루어진다는 점에서 결과물은 중요하다. 학습의 효과는 결과물을 확인할 수 있을 때 높아진다.

구체적인 결과물이 없으면 과제의 성과를 측정하기 어려우며, 그만큼의 학습기회는 줄어들 것이다.

따라서 과제의 결과는 눈에 보이는(tangible) 것이 바람직하다. 예컨대, '~향상 방안'이라는 제목보다는 '~향상'이라는 결과 중심으로 과제를 정의하는 것이 좋다. '방안'의 경우에도 그 방안이 효과적이라는 것을 증명할 수 있는 정량적 또는 정성적 증거가 있는 것이 바람직하다.

---

2 액션러닝 과제 예시

앞에서 언급한 다섯 가지 기준 이외에 교과목의 교육목표와 특성에 따라 가감되는 과제 선정 기준이 있을 수 있다. 예를 들면, 사회복지학과의 자원봉사론의 경우 '봉사활동의 의미와 보람을 표현할 수 있다'와 같은 학습목표를 포함하고 있다면 '보람을 느낄 수 있는 과제'라는 것이 기준에 포함되어야 할 것이다. 여기서는 액션러닝 과제의 기본 특성인 다섯 가지 기준을 중심으로 어떤 과제가 액션러닝 과제가 될 수 있는지 살펴보자.

과제 예시 1: (경영학 조직행동론) ○○마트의 문제점 분석 후 개선 방안을 제시한다.

이 과제는 중요성 · 비구조성 · 실제성의 기준에는 부합하지만, 구체적인 결과물 측면에서 다소 명확하지 않다. 따라서 과제의 범위를 좁히고 명확하게 할 필요가 있다. 과목이 조직행동론이므로 강의 내용과 관련시키기 위해서는 '판매 직원들의 업무 동기'에 초점을 맞출 수 있을 것이다. 그리고 단지 방안에 그칠 것이 아니라 구체적인 산출물을 지향하기 위해서는 실질적인 변화가 이루어져야 한다. 학교 수업 일정을 고려하면 기간이 충분하지 않기 때문에 업무 동기가 향상된 모습을 확인하기 어렵겠지만, 그 방안이 실질적인 효과가 있을 것이라는 타당성 분석이 필요하다. 이를 위해 최종 과제의 결과는 교실에서 발표하는 것에 그칠 것이 아니라, 결과물을 해당 조직의 책임자(과제 스폰서)에게 제시하고 피드백을 받도록 할 필요가 있다

따라서 과제 예시 1은 다음과 같이 수정되는 것이 바람직하다.

수정된 과제 예시 1: ○○마트 판매 직원들의 업무 동기 향상

과제 예시 2: (교육심리학) 자존감이 부족한 학생의 자기주도적 학습습관 형성을 위한 전략 모색

이 과제는 실제성과 구체적인 결과물 측면에서 미흡해 보인다. 특정 대상이 없는 가상의 사례이며, 구체적인 결과 없이 단지 전략을 제시하는 데 그치기 때문이다. 실제 과제를 수행하면서 그 과정에서 '실행 → 성찰 → 재실행'의 단계를 반복하며 눈으로 확인할 수 있는 결과물에 도달할 수 있어야 한다. 자존감이 부족한 불특정 다수를 대상으로 연구하고 보편적인 대안을 제시하는 것은 액션러닝이 아니다. 특정한 실제 인물을 대상으로 연구하고, 그 사람을 실제로 변화시키기 위해 시도하고, 이러한 경험을 기초로 학습을 모색하는 것이어야 한다. 따라서 과제 예시 2는 다음과 같이 수정되는 것이 바람직하다.

이때, 초등학교 3학년인 박영식이라는 정해진 특정 인물 대신 팀별로 유사한 문제를 가진 각기 다른 인물을 대상으로 과제를 수행할 수도 있다. 대상 인물은 교수자로부터 소개를 받을 수도 있고, 각 팀원의 동생이나 이웃 중에서 선정할 수도 있다. 즉, 1팀은 김철수(가명), 2팀은 김영희(가명), 3팀은 박기영(가명)이라는 학생을 대상으로 과제를 수행한다면 팀별로 조금씩 상이한 과제를 해결하기 때문에 과제해결 결과를 공유했을 때 자체적으로 학습이 심화될 수 있다.

학습목표 달성에 액션러닝이 적합하다면, 적절한 과제 혹은 모든 조건을 충족하는 완벽한 액션러닝 과제는 아니지만 최대한 '액션러닝다운' 과제를 개발하여 수업을 운영해야 할 것이다. 〈표 2-2〉는 초 · 중 · 고등학교에서 〈표 2-3〉은 대학교에서 다룬 다양한 액션러닝 과제들을 제시한 것이다.

표 2-2 초 · 중 · 고등학교에서의 액션러닝 과제 예시

과목	과제명	산출물
과학	우리 팀 전기 사용량 10% 줄이기	전기 사용량을 줄이기 위한 전략 및 이를 실천한 결과
사회, 영어	'독도는 우리 땅'을 알리는 블로그 운영	독도는 우리 땅에 대한 글 작성 및 외국인이 작성한 것 포함한 댓글들
	뉴스 만들기	주요한 이슈에 대해 제작된 뉴스 및 뉴스를 본 시청자들의 소감들
국어	공동소설 쓰기(위키 또는 스프링노트 활용)	완성된 소설 및 독자평(우리 반 또는 다른 반 학생들의 의견)
국어, 영어	자서전 쓰기	자신 또는 타인에 대한 자서전을 작성

영어	상황별 대화 만들기	상황별 대화를 동영상으로 만들어 유튜브에 업로드
기술, 가정	부모님과 의사소통 잘 하기	부모님과 의사소통을 잘 하기 위해 무엇을 했으며 그것을 실천한 결과
	일회용품 사용 줄이기	일회용품 사용을 줄이기 위한 전략 및 이를 실천한 결과
미술	학교 벽면(또는 일정 공간)에 그림 그리기	학교 벽면(또는 일정 공간)에 그려진 벽화
체육	건강하고 멋진 몸짱 만들기	팀원 모두가 건강한 상태가 된 증거 자료(근육량, 체중 등의 변화 결과) 및 성찰내용

표 2-3 대학에서의 액션러닝 과제 예시

과목	과제명	산출물
교육방법 및 교육공학	○○○교수님의 교수법 개선	해당 교수님을 위한 수업 설계 및 운영 전략 보고서
영상매체발달	영상매체를 통한 전주 이미지 향상 방안	공모전 응모
아동·청소년 도서	우수도서 목록 만들기	장르별 추천도서 목록
기초일본어	테마별 어휘 익히기	특정 상황에서의 롤 플레이 후 YouTube에 업로드
전기전자 기초실험	전기전자 시스템 개발	공모전 응모 또는 특허출원서
한국경제론	우리나라 물가, 고용, 환율, 금리, 주식(1개 선택)의 현황과 전망	관련 정보를 수집(인터뷰 포함)·분석하고 신문 또는 외부에 기고/발표
기업영어	무역 운송서류 작성 시 필요한 체크리스트 작성	무역 관련 기관을 방문하고 실제 무역 거래에서의 주요 서류 내용 이해하고 주의사항 파악

	리더십 역량 향상*	역량별 향상전략 및 (자신의) 사례
조직행동론	기업이나 동아리의 문제점 분석 후 개선(방안)	개선된 상태, 또는 과제 관련자로부터의 피드백
간호관리학	협심증 환자를 중심으로 환자 교육자료 표준화	표준화 매뉴얼
발표와 토론	자신의 논지를 담은 글을 지역 신문사에 투고	신문사 기고
식물분류학 및 지도법	오감으로 느끼는 감성적 식물교육 프로그램 만들기	중학생 대상 교육용 프로그램
관광전산실무	호텔 프런트오피스 시스템 및 백오피스 시스템 매뉴얼	호텔 프런트 오피스 시스템 및 백오피스 시스템 현장 실습(실무자 보조)을 통해 학습한 내용 제출(1일 타임 스케줄 포함)
자원봉사론	신임 사회복지사를 위한 자원봉사자 관리지침서 개발	여러 사회복지 분야 중 관심 있는 분야(아동, 노인, 청소년복지 등)를 선택한 후, 사회복지 현장에서 부딪히는 실제적이고 생생한 사례를 포함한 자원봉사자 관리지침서 개발
사회인과 대인관계	관계계좌 플러스 만들기	관계계좌가 마이너스인 사람과의 관계를 플러스로 만들고 실행전략 발표

* 자세한 과제 프로세스는 부록 2 참조.

3 과제 유형별 과제해결 프로세스

액션러닝은 기본적으로 경험을 통한 학습이다. 액션러닝은 실제 과제(문제)를 해결하기 위해 현장의 자료를 수집·분석·적용한다(O'neil & Marsick, 2007). 과제를 해결하는 과정이 한 가지로 정해져 있지는 않지만, 일반적으로 [그림 2-2]와 같이 과제 명확화, 과제 연구, 해결안 도출 및 타당성 검증, 실행 또는 최종 결과물 도출 및 성찰의 과정을 거친다. 이러한 과정은

사실 액션러닝을 위한 과정이 아니라 보편적이고 일반적인 문제해결과정
이라 할 수 있다. 중요한 것은 우리가 이러한 일반적인 문제해결과정을 간
과하는 경우가 많다는 것이다. 많은 학생들이 자신들이 해결해야 할 과제
가 무엇인지 명확하게 파악하지도 않고 자료를 수집하는 오류를 범하는 것
을 자주 목격할 수 있다. 따라서 과제를 해결할 때는 반드시 이 네 단계를
거쳐야 함을 기억해야 한다.

그러나 과제가 무엇이냐에 따라 각 단계를 표현하는 방식이 조금씩 달라
질 수 있다. 일반적으로 액션러닝에서 다루는 과제는 어떤 문제를 해결하
기 위한 문제해결형, 새로운 것을 창조하거나 발표하는 창조 · 개발형, 졸
업작품전 준비 등 개별적으로 수행하는 개인과제형으로 구분할 수 있다.
물론 수업 운영을 어떻게 하느냐에 따라 동일한 과제라 해도 개인 과제가
될 수도 있고 팀 과제가 될 수도 있다. 각 과제 유형별로 대표적인 과제해
결 프로세스를 살펴보면서 교수자 및 학습자의 역할에 대해 알아보자.

그림 2-2 ← 액션러닝의 과정

1) 문제해결형 과제

문제해결형 과제는 현재 상태를 개선하여 바람직한 상태로 만드는 것에
초점을 맞추는 과제를 말한다. 학교폭력 문제, 기업 또는 동아리의 문제점
개선 등이 이 유형의 과제다. 이러한 유형은 일반적으로 과제를 명확히 파

악하고, 과제와 관련된 현황과 문제점, 원인을 분석한 후 그에 대한 해결방안을 도출하기 때문에 [그림 2-3]과 같은 단계를 거친다.

그림 2-3 ― 문제해결형 과제의 과제해결 프로세스

(1) 1단계: 과제의 명확화

과제의 명확화란 과제의 목표와 범위를 구체적으로 정의하는 것을 의미한다. 문제해결형 과제의 경우, 연구 대상의 현재 모습(As-Is)에 대한 분석과 과제해결 후의 모습인 목표 상태(To-Be)에 대한 구상으로 과제의 범위와 방향을 결정할 수 있다.

이 단계에서 학습팀은 과제기술서를 작성한다. 과제기술서에는 현상이 가지고 있는 특성(As-Is)과, 학습팀이 도출할 구체적인 결과물 또는 궁극적으로 달성하고자 하는 이상적인 목표 상태(To-Be)를 최대한 구체적으로 명시한다. 예를 들면, 아동·청소년 도서 과목에서 '우수도서 목록 만들기'를 할 경우 '초등학생들을 위한 우수도서 목록 제작'보다는 '초등학생을 위한 문학과 과학 영역의 우수도서 50선'과 같이 과제의 이상적인 목표 상태로 진술할 수 있다. 이 과제기술서를 기준으로 교수자와 학습자가 논의하여 해결해야 할 과제 범위를 결정하고, 최종 결과물에 대해 스폰서(과제 관련자)의 피드백을 받도록 한다.

(2) 2단계: 현황 및 문제점 분석

현황 및 문제점은 과제 대상이 현재 가지고 있는 개선 또는 해결해야 할 내용이다. 이 단계에서 학습팀은 현장을 비롯하여 과제와 관련된 다양한 정보를 수집하게 된다.

학습팀은 관련 문헌 검색, 주요 인물에 대한 인터뷰, 설문조사, 관련 기관 방문 등, 현황 및 문제점을 파악하기 위한 정보 수집 방법에 대해 논의한 후 정보 수집 활동을 하게 되고, 이를 기초로 주요 현황 및 문제점을 분석한다.

이때 많은 문제점을 나열하고 분석의 대상으로 삼기보다는 소수의 핵심 문제점에 초점을 맞추는 것이 보다 효율적이다. 학습팀원들은 문제점들을 모두 나열한 후, 그 가운데 핵심적인 문제점이라고 생각하는 것을 결정한다.

(3) 3단계: 원인 분석

이 단계에서는 앞에서 선택한 각각의 핵심 문제점별로 그 발생 배경과 원인을 생각해 본다. 원인을 생각할 때는 '왜?('또 그 이유는 무엇인가?')'라는 질문을 계속 던지면서 근본 원인을 찾아본다. 그리고 통제 가능한 원인을 다루어야 한다. 예를 들면, 시험성적이 나쁜 원인에 대해 '시험이 어려워서'는 답이 될 수 없다. 우리는 해결하기 위해 원인을 찾는 것인데, 시험문제의 난이도는 통제할 수 없기 때문이다. 학습팀원들은 문제점별로 원인을 쓴 후, 각자가 가장 근본적인 원인이라고 생각하는 것에 투표를 하여 결정할 수 있다.

(4) 4단계: 해결안 도출 및 타당성 검증

문제의 원인에 대한 이해를 바탕으로 문제를 해결하기 위한 방안들을 도출하는 단계다. 실현 가능한 창의적인 아이디어들을 도출하기 위해 브레인스토밍이나 명목집단법(NGT)과 같은 다양한 아이디어 도출 방법을 이용할 수 있다. 아이디어들이 도출되면 유형별로 분류한 후 팀 토의를 통해 시급성, 효과성, 실현 가능성 등을 고려하여 최종 해결안을 결정한다.

해결안들이 도출되면 학습팀은 이 방안에 대한 현실 타당성을 검증한다. 타당성을 검증하기 위한 방법은 다양하지만, 가장 좋은 방법은 현장 적용이나 파일럿 테스트다. 그러나 학교 수업 일정을 고려하면 현장에 적용해서 그 결과를 확인하기에 충분한 시간이 확보되기 어렵다. 이 경우, 과제 스폰서인 현장의 책임자나 관련 인물로부터 피드백을 받거나 현장의 분위기를 보여 주는 시각적 자료나 인터뷰 등도 좋은 방법이 될 수 있다.

여건이 허락하여 '해결안 적용 → 성찰 → 수정된 해결안 적용'의 단계가 여러 번 반복되어 이루어질 수 있다면 타당성 높은 결과뿐 아니라 학습자들에게 좋은 성찰과 학습기회가 될 수 있을 것이다.

(5) 5단계: 실행 및 성찰

타당성 검증 결과를 바탕으로 최종 방안이 완성되면 실행을 위한 구체적인 계획을 세운 후 과제 스폰서에게 보여 주고 최종 피드백을 받도록 한다.

실행을 통한 학습이 액션러닝의 본질이므로, 방안을 보고하는 데에서 그칠 것이 아니라 실행에 옮겨야 한다. 실행이 따르지 않으면 자신들이 제시한 전략과 아이디어가 효과적인지 확인할 수 없다. 방안들을 실행에 옮긴 후, 그 방안에 대한 정성적 · 정량적 효과 등을 분석하는 것이 원칙이다. 그런데 학교 수업의 경우 현실적으로 이러한 과정을 거치기 어려운 경우가 많다. 이 경우, 과제 보고서를 스폰서에게 보고하고 피드백 받는 것까지를 목표로 해야 할 것이다.

그런 다음 학습자들이 그동안의 과제 활동에서 배우고 느낀 점 등을 성찰하게 하고, 수업 시간에 다른 학생들과 공유하는 시간을 갖는다.

2) 창조 · 개발형 과제

창조 · 개발형 과제는 수업 주제와 관련된 어떤 결과물을 만들어 외부에 발표하는 데 초점을 맞추는 과제다. 결과물이 구체적으로 눈에 보이는 것이고, 외부에 발표되는 성격의 과제는 대부분 이 유형에 해당된다. 예를 들면, 프로그램 개발이나 매뉴얼 만들기를 비롯한 직접 제작 형태, 현장 동영상 제작, 공연 기획, 공모 과제 출품, 창의적 공학 설계 등이 여기에 속한다. 창조 · 개발형의 과제는 일반적으로 창조 · 개발하고자 하는 대상에 대한 기본적인 특성을 정리한 후, 이를 구현하기 위한 정보 수집 및 아이디어를 구상하여 초안을 개발한 후 타당성 검증을 하는 과정을 거치므로, [그림 2-4]와 같은 단계를 거친다.

그림 2-4 ― 창조 · 개발형 과제의 과제해결 프로세스

(1) 1단계: 과제의 명확화

이 단계의 초점은 창조·개발하고자 하는 결과물을 명확하게 정하고 어떤 방식으로 외부로부터 피드백을 받을 것인가다. 이때 어떤 형태의 결과물을 만드는 것이 교과목 목표를 실현할 수 있는 학습이 이루어지는 데 도움이 될 것인지 고려해야 한다.

(2) 2단계: 정보 수집 및 아이디어 구상

과제가 명확해지면, 결과물에 담을 구체적인 내용과 아이디어를 구상하기 위해 관련된 정보들을 수집하는 활동을 해야 한다. 학생들은 전문서적, 전문가 및 관련자 인터뷰, 관련 장소 방문 등 유용한 정보 수집 활동을 한 후, 이를 바탕으로 과제 구성을 위한 기획과 아이디어를 구상한다.

(3) 3단계: 초안 개발 및 타당성 검증

학습자들이 과제를 계획하고 수행할 때는 '~하면 ~할 것이다'라는 어떤 가정을 가지고 있게 마련이다. 따라서 결과물이 설득력을 가지기 위해서는 이러한 가정에 대한 타당성 검증이 필요하다. 개발된 초안이 현실적으로 타당한지 검증하기 위한 방법으로는 현장 적용이나 파일럿 테스트가 바람직하지만, 그것이 불가능한 경우에는 전문가나 관련 인물로부터 피드백을 받는 것이 좋다.

(4) 4단계: 최종 결과물 완성 및 성찰

최종 결과물이 완성되면 결과물을 과제 스폰서에게 보여 주거나 발표하고 피드백을 받는 기회를 갖는다. 그런 다음 학습자들이 그동안의 과제 활동에서 배우고 느낀 점 등을 성찰하고, 수업 시간에 다른 학생들과 공유하는 시간을 갖는다.

3) 개인과제형 과제

개인과제형 과제는 하나의 팀이 하나의 과제를 수행하는 것이 아니라, 팀원별로 각자의 과제를 수행하는 형태다. 이 유형의 과제에 적합한 과목은 팀원들이 각기 다른 학교에서 교생실습을 하는 경우나, 각자가 졸업작품을 제출해야 하는 개인 과제를 수행해야 하는 경우 등이다.

개인과제형 과제는 개별적으로 해결해야 하는 과제를 명확히 정의하고, 이 정의를 토대로 실행계획을 수립 · 실행한 후 다시 모여 실행내용을 발표 및 공유하는 단계로 진행할 수 있다. 1단계에서 3단계까지는 1차 미팅에서 이루어질 수 있으며, 그다음 미팅부터는 3단계와 4단계를 반복적으로 수행하면 된다([그림 2-5] 참조).

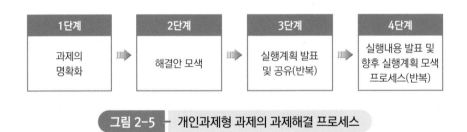

그림 2-5 ─ 개인과제형 과제의 과제해결 프로세스

(1) 1단계: 과제의 명확화

팀원 가운데 한 사람이 자신의 문제나 과제를 소개한다. 문제를 명확하게 하기 위해 나머지 팀원들은 질문을 한다. 사실을 확인하는 질문을 통해 팀원들은 그 문제를 명확하게 이해하게 된다.

과제에 대한 이해가 이루어지면, 과제 당사자는 팀원들과 함께 목표를 설정한다. "문제가 해결되었을 때 얻고자 하는 목표가 무엇입니까?", 또는 "어떤 상태가 되길 원합니까?"라는 질문을 과제 당사자에게 던지고 당사자가 대답한다. 이 과정을 통해 과제 당사자는 과제의 범위와 목표 등이 구체화되어 과제를 명확하게 재정의하게 된다.

(2) 2단계: 해결안 모색

해결안을 염두에 두면서 열린(open) 질문 위주의 대화를 계속하면, 문제해결에 가까운 해결책, 실행계획을 다방면으로 생각하게 된다. 예컨대, "어떤 시도를 해 보았나요?" "그 원인이 무엇이라고 생각하나요?" 등의 질문들이 도움이 될 수 있을 것이다.

어느 정도 대화가 진행된 후 "문제를 해결하고 목표를 실현하기 위해 실행할 수 있는 것들은 무엇이 있을까요?"라는 질문에 대해 팀원들이 자신의 경험과 지식에 기반하여 다양하고 구체적이며 실천가능한 아이디어를 제공한다. 이때 진행의 효율성을 높이기 위해 아이디어를 각자 3~5개씩 포스트잇에 작성하여 제출하는 NGT 방법을 활용한다.

(3) 3단계: 실행계획 발표 및 공유(반복)

과제 당사자는 팀원들이 제출한 아이디어 가운데 다음 미팅 때까지 자신이 실행할 것들을 선택한 후 발표하여 모두에게 동의를 구한다. 팀원들과 함께 실행계획을 세우고 승인하는 과정은 다각적 접근과 높은 실행력을 가지게 한다.

한 명의 팀원에 대한 1단계부터 3단계까지의 활동이 끝나면 또다른 팀원을 대상으로 동일한 과정을 실시하여 팀원 모두의 과제를 함께 해결하도록 논의한다.

(4) 4단계: 실행내용 발표 및 향후 실행계획 모색 프로세스(반복)

2차 미팅부터 팀원들은 자신이 실행한 내용을 발표하고 성찰한 후 향후 실행계획을 세운다. 예컨대, ⟨표 2-4⟩와 같은 양식에 의해 다음과 같이 진행할 수 있다.

① 팀원들은 각자 실행한 것과 느끼고 배운 점, 또는 실행 과정에서 어려웠던 점 등을 포스트잇에 작성한 후 발표한다.
② 이러한 성찰 과정이 끝나면 팀원들은 서로에게 과제해결에 도움이 될 만한 구체적인 정보나 아이디어들을 포스트잇에 써서 설명과 함께 준다.
③ 각 팀원들은 자신이 실천할 것들을 결정한다.

표 2-4 개인과제 성찰 및 실행계획 양식

이름	실행한 것	느끼고 배운 점 (또는 어려운 점)	향후 실행계획

그림 2-6 ━ 개인과제 성찰 및 실행계획을 공유하는 모습과 그 결과물

2차 미팅부터 마지막 미팅까지 이러한 과정을 반복하면서 과제 당사자가 최종 결과물이나 목표를 달성할 수 있도록 팀원들이 지원해 준다. 마지막 미팅에서는 과정 전체에 대한 종합 성찰을 실시한다.

과제해결 프로세스 이해를 위한 Case Study 1: 문제해결형 과제

CLTS 운동

CLTS(Community Led Total Sanitation)는 공동체 주도 위생 사업으로 사회개발 컨설턴트인 Kamal Kar에 의해 주도되고 있는 위생설비 마련 운동이다. CLTS 사업의 특징은 마을 주민들이 스스로 자신들의 문제를 인식하고 해결 방안을 찾도록 돕는 것이다. '실제 문제(과제)'를 '함께 해결한다'는 점에서 액션러닝과 기본 철학을 같이 한다고 볼 수 있다. 여기서는 CLTS가 어떻게 마을 주민들이 자신의 문제를 함께 해결하도록 하는지 방글라데시의 자가나트 푸어라는 마을의 사례를 통해 살펴보고자 한다.

방글라데시는 세계에서 인구밀도가 가장 높은 나라이지만, 인구의 절반이 특별한 위생시설 없이 살고 있다. 강이나 들판을 화장실로 이용하는 것은 매우 보편적으로 일어나는 일로, 거주지의 주변 환경은 몹시 불결하다. 이러한 이유로 소나 닭의 배설물이 손쉽게 음식물에 유입되어 질병을 일으켜, 매년

12만 5,000명의 어린이가 설사병으로 사망하고 있다. 이러한 문제 상황을 해결하기 위해 사회개발 컨설턴트인 Kamal Kar는 위생설비 마련에 나섰다.

■ 자가나트 푸어 마을 회의

Kar는 먼저 마을 사람들을 한자리에 모이게 했다. 넓은 공터에 모인 마을 사람들에게 Kar는 색가루를 사용해서 바닥에 대략적인 마을 지도를 그리도록 요청하였다. 마을 사람들은 즐거워하며 적극적으로 마을의 지도를 그렸다. 지도가 완성된 후 Kar는 작은 종이 조각으로 각자의 집을 표시하라고 했다. 마을 사람들은 이번에도 즐거운 표정으로 자신들이 그린 지도 위에 자신의 집 위치를 종이 조각으로 표시하였다.

Kar는 "자, 여러분 중 오늘 아침에 밖에서 볼일을 본 사람 있습니까?"라고 질문하였다. 사방에서 크게 웃는 웃음소리가 들렸고, 머뭇거리던 사람들 중 몇몇이 손을 들었다. Kar는 볼일을 본 장소에 황색 가루를 뿌리라고 하였다. 마을 사람들이 하나 둘 나와 자신이 볼일을 본 장소에 황색 가루를 뿌려 위치를 표시할 때 마을은 웃음바다가 되었다. 큰길과 골목길 곳곳에 황색 가루가 뿌려져 있었다.

Kar는 다시 질문하였다. "그렇다면, 만일 한밤중에 배가 아파서 급히 볼일을 봐야 한다면 어떻게 할까요? 더구나 비가 억수로 내리는 밤이라 멀리 갈 수 없는 상황이라면요." 주민들은 각자 자기 이웃집 뒤로 가서 볼일을 보면 될 거라고 대답했다. Kar는 이번에도 황색 가루를 사용하여 각자 그 위치를 표시해 보라고 하였고, 마을 지도는 온통 황색 가루로 변했다. Kar는 다시 질문했다 "마을 전체에서 하루에 나오는 배설물의 양이 얼마나 될까요?" 마을 사람들은 대략 211kg 정도일 것이라 하였고, 그 내용을 큰 종이에 적어 모두가 볼 수 있도록 붙였다. Kar는 사람과 가축에게서 나오는 배설물이 얼마나 쉽게 마을 주변에 쌓여 가는지 설명한 후 다시 질문하였다. "만약 주변의 배설물이 집안으로 흘러든다면 건강에 어떤 문제가 생길까요?" 마을 사람들은 다시 수군거리더니 설사병이나 콜레라에 걸릴 수 있다고 대답하였다. Kar는 이번에도 그 병명들을 종이에 적어 붙이도록 하였다. 그러자 마을 청년 한 명이 손을 들고 화장실을 만들겠다며 자원하여 앞으로 나왔고, 마을 사람들은 환호하였다.

■ 마을 회의 후 마을의 변화

Kar가 마을 회의 후 3일이 지나 다시 마을을 방문했을 때 이미 15군데 공동화장실이 들어서 있거나 공사 중이였으며, 어린 아이들은 아침저녁으로 '옥외 배변 금지'라는 구호를 열광적으로 외치며 동네를 돌아다녔다. 마을 사람들이 갑자기 화장실을 짓고 있는 이유는 무엇일까? 마을 사람들은 길거리 배설물에서 병이 생긴다는 사실을 이전에는 몰랐는데, 마을 회의를 통해 이 사실을 알게 되었고, 그걸 알았으니 이제라도 화장실을 만드는 것이라고 하였다. 마을의 한 주민은 "그 모임에 참석한 뒤부터 이 일이 정말 중요하다는 것을 실감했다."고 하였다.

한 마을에 필요한 화장실이 모두 설치되는 데 3개월 정도의 시간이 걸린다. 이는 각 지역에서 활용할 수 있는 재료로 다른 형태의 화장실을 만들기 때문이다. Kar는 지역주민들은 이미 기초 지식과 뛰어난 제작 기술을 보유하고 있었고, 화장실을 만드는 새로운 사업을 통해 혁신적인 방법이 개발되고 있다고 하였다. 자신들의 지식과 기술을 활용하여 화장실을 만드는 것은 매우 중요하다. 이전에 이들에게 콘크리트로 만든 원형 변기가 제공되었지만, 마을 주민들은 콘크리트 원형 변기를 소여물통으로 사용하거나 비용, 시간 등의 이유로 변기를 설치하지 않았었다. 그러나 스스로 문제를 인식하고 방법을 찾았기 때문에 마을에 많은 화장실이 생길 수 있었던 것이다.

액션러닝 과제해결 프로세스는 일반적으로 '과제 명확화 → 과제해결을 위한 연구 → 해결안 모색 → 실행'의 단계로 진행된다. 이 가운데 과제를 명확하게 정의하는 것이 무엇보다 중요하다. CLTS 사례에서 Kar는 마을 회의를 통해 과제를 정의했다. 마을 사람들로 하여금 자신들이 당면한 문제가 무엇이며, 무엇이 그들이 해결해야 할 과제인지를 명확하게 인지하도록 하였다. 캠페인과 화장실 건설이 이루어졌으며, 토종감자 재배와 공동대책위원회의 설립 등 많은 일이 이루어졌다. 얼마나 많은 시간과 노력을 들였는가만 본다면 캠페인, 화장실 건설, 감자 재배 등이 훨씬 비중 있는 일이지만, 이 모든 것은 스스로 과제를 정의했기 때문에 가능한 일이었다.

[참고 자료]

Kamal K. (2003). *IDS Working Paper 184: Subsidy or Self-Respect? Participatory Total Community Sanitation in Bangladesh*. Brighton: Institute of Development Studies.

Kamal K. (2010). *Facilitating "Hands-on" Training Workshops for CLTS: A Trainer's Training Guide*. Geneva: Water Supply & Sanitation Collaborative Council.

http://www.communityledtotalsanitation.org/page/clts-videos(Top Down, Bottom Up, CTLS in Bangladesh).

과제해결 프로세스 이해를 위한 Case Study 2: 창조 · 개발형 과제

IDEO의 쇼핑카트 프로젝트

IDEO는 세계적인 창조기업이다. IDEO의 쇼핑카트 프로젝트는 미국의 뉴스 프로그램인 ABC 나이트라인에 소개되어 IDEO의 혁신적인 디자인 과정을 세상에 알린 유명한 사례다. 쇼핑카트 프로젝트는 IDEO의 'Deep Dive'라는 브레인스토밍 방식으로 홀푸드(미국의 유명 유기농 슈퍼마켓 체인점)에 제안할 새로운 쇼핑카트를 5일 안에 만드는 것이다.

■ 첫째 날(월요일)

프로젝트 첫날, 프로젝트 시작 미팅에서 디자인팀은 먼저 각자의 관점에서 의견을 제시하면서 현재 사용하고 있는 쇼핑카트에 대해 분석하였다.

한 시간 후 팀원들은 여러 집단으로 나뉘어 쇼핑과 쇼핑카트, 관련 정보를 모으기 위해 사무실에서 나왔다. 팀원들은 전문가들에게 자문을 구했고, 어떤 팀은 팔로알토 시내의 인기 있는 식품점인 홀푸드로 가서 사람들이 어떻게 쇼핑하는지 새로운 시각으로 관찰하기 시작했다. 또한 안전 문제를 알아보고 부모가 자녀와 다투는 것을 지켜보았다. 그들은 인터넷 쇼핑몰의 전문 바이어가 어떻게 카트를 이용하는지에도 주목했다. 쇼핑객들이 천천히 걷는 사람을 피해 앞으로 나가거나 맞은편에서 접근해 오는 사람에게 길을 터주기 위해 카트의 뒷부분을 들어 올려 옆으로 피하는 일종의 병목 현상을 눈여겨보기도 했다. 팀원들은 관찰과 인터뷰를 통해 세 가지의 목표를 발견해 냈다. 즉, 새로운 쇼핑카트는 어린이에게 좀 더 친근하고, 효율적인 쇼핑을 가능하게 하며, 안전성이 확보될 수 있도록 디자인되어야 한다는 것이다.

■ 둘째 날(화요일)

디자인팀은 목표한 대로 쇼핑카트를 디자인하기 위해 해결안 모색을 위한 브레인스토밍을 하였다. 브레인스토밍의 기본 원칙을 벽에 써넣었고, 많은 매직펜과 함께 커다란 포스트잇 메모지를 펼치고 분위기를 띄우기 위해 장난감을 산더미처럼 갖다 놓았다. 엉뚱한 아이디어에도 비난하지 않았으며, 오히려 그런 생각을 더욱 장려하였다. 몇 시간 후 스케치 속에 다양하고 참신한 아이디어들이 담겨 벽에 가득 붙여졌다. 팀원들은 좋은 아이디어에 투표했다. 팀원들은 자신들이 좋아하는 아이디어에 밝은 색의 포스트잇 메모지를 붙였고, 추가 의견이 있을 때는 메모지에 의견을 기입하였다. 투표 결과를 토대로 시제품을 만들 아이디어를 결정하였다.

시제품은 쇼핑 편의, 안전, 계산, 물건 찾기의 컨셉으로 구현하기로 결정되었고, 이를 위해 디자인팀을 네 팀으로 나누었다. 각 팀에게는 세 시간 내에 실물 크기의 모형을 만들어야 하는 미션이 주어졌다. 각 팀은 자신들의 아이디어를 30분만에 스케치하였고, 추가 아이디어와 재료를 찾기 위해 다시 사무실 밖으로 나갔다 돌아왔다. 세 시간 후, 조잡한 모형이 여러 개

만들어졌다. 모형은 우아한 곡선의 특징을 갖추고 있는 것, 장바구니를 쌓을 수 있도록 높이 조절이 가능한 것, 고객과 직원이 대화할 수 있는 마이크 장치가 달려 있는 것, 계산대에서 대기하는 시간을 줄여 주는 스캐너가 달린 것이었다.

디자인팀은 다시 각 시제품의 대표적인 특징을 도출한 후, 완성품을 만들기 위해 역할을 분담하였다. 어떤 사람은 CAD 프로그램으로 카트의 구조를 설계하였고, 어떤 사람은 장바구니 콘셉트를 조사하였다.

▪ 셋째 날(수요일)과 넷째 날(목요일)

IDEO의 작업장 사람들은 새로운 쇼핑카트 설계도에 따라, 용접 반장은 만들기 까다로운 곡선 구조의 설계도에 따라 제품을 만들었다. 현실적으로 불가능할 수 있는 기간(5일)이었지만 마감 기일을 맞추기 위해 모두 열심히 작업하였다.

▪ 다섯째 날(금요일)

연구팀은 작업장에서 밀고 나온 새 카트를 보면서 환호하였다. 새 카트는 여섯 개의 바구니를 2단으로 산뜻하게 끼워 넣을 수 있는 개방 구조로 설계되었으며, 올렸다 내렸다를 할 수 있는 안전 손잡이와 바코드 스캐너가 장착되었으며, 앞뒤로 가는 것뿐만 아니라 옆으로도 밀어서 움직일 수 있는 것으로, 지금까지 보던 쇼핑카트와는 다른 새로운 쇼핑카트였다.

IDEO의 쇼핑카트 디자인 사례에는 '과제의 명확화 → 정보 수집 및 아이디어 구상 → 초안 개발 및 타당성 검증 → 최종 결과물 완성'의 단계가 명확히 제시되어 있다. IDEO의 디자인팀은 현재 사용 중인 쇼핑카트에 대한 자신들의 지식과 경험을 총동원하여 현황 분석을 하였고, 여기서 그치지 않고 '현장'을 방문하였다. 쇼핑카트가 사용되고 있는 현장을 관찰하고 인터뷰하는 과정에서 필요한 자료와 아이디어를 수집하였다. 그 과정에서 디자인해야 할 쇼핑카트의 주요 특성을 명확히 도출하였다. 그 후 브레인스토밍을 통해 초안을 개발하였고, 바로 실행에 옮기기 전 여러 개의 시제품을 만들어 각각의 특성을 함께 비교·논의하였다. 타당성 검증의 단계를 거친 것이다. 그런 다음 모든 아이디어가 통합된 쇼핑카트를 제작하였다. IDEO의 사례는 여러 사람이 함께 과제를 해결하는 것, 해야 할 과제의 목표를 명확히 결정하는 것, 현장을 방문하는 것, 자신들의 해결안을 검증하는 절차 등을 잘 보여 주는 사례라고 할 수 있다.

[참고 자료]

이종인 역(2012). 유쾌한 이노베이션. Kelly, T., & Littman, J.의 *The art of innovation*. 서울: 세종서적.

http://www.ideo.com/work/shopping-cart-concept/(Shopping Cart Concept for IDEO).

과제해결 프로세스 이해를 위한 Case Study 3: 개인과제형

리더십역량 향상

2013년 전북대학교 경영학부 조직행동론 수업은 리더가 가져야 할 핵심 역량의 향상을 목표로 개인과제 형식으로 진행되었다. 학습팀은 6명으로 총 8개팀이 구성되었다.

과제해결 단계는 다음과 같이 6단계로 이루어졌다.

• 1단계: 리더십 핵심 역량 항목 도출
• 2단계: 팀별로 목표역량 두 가지 선정
• 3단계: 역량 향상을 위한 실행계획 수립
• 4단계: 실행
• 5단계: 성찰 및 향후 실행계획 수립

• 6단계: 최종 성찰 및 학습 포인트 도출/ 발표

4~5단계는 두 가지 역량에 대해 각각 격주로 번갈아가면서 진행되었는데 그 과정은 다음과 같다.

팀원 1명이 자신의 목표, 실행 내용 및 결과(잘된 점, 어려웠던 점 포함) 발표하기 → 동료들의 개방형 질문에 답변하기 → 포스트잇에 각자 의견을 쓴 후 플립차트에 붙이기 → (다른 팀원 차례)

모든 팀원들이 이 과정을 거친 후 각자 차후 실행계획을 작성하고 플립차트에 붙인 후 돌아가면서 발표하였다. 이러한 과정을 거치면서 팀원들은 각자 자신이 목표한 리더십 역량을 향상시켰다. 마지막에는 그동안의 경험을 바탕으로 역량 향상을 위한 효과적인 전략을 자신의 사례와 함께 소개하고 핵심 학습 포인트를 도출하였다.

> 누군가가 잘못했을 때 그 사람 자체를 비난하면 그것은 상처가 되어 대화와 관계가 단절된다. 배려를 통해 타인의 입장에서 생각할 때 남과 내가 다 같이 변화할 수 있었다. 배려를 통한 긍정적 변화!
>
> – 한 수강생의 성찰내용 중에서

* 자세한 과제 프로세스는 부록 2 참조.

액션러닝을 위한 효과적인 도구들 Ⅰ

액션러닝은 실제 과제를 학습팀원들이 함께 해결하는 것이다. 물론 개인 과제 방식으로 운영할 때는 개별적으로 과제를 해결하지만, 이 경우에도 학습팀원들이 함께 아이디어를 도출하고 해결 방안을 모색하는 활동을 한다. '실제 과제'를 '학습팀'이 해결한다는 것은 과제해결을 위한 효과적인 도구와 절차가 필요함을 의미한다. 실제 과제를 해결하기 위해서는 과제의 성격에 부합하는 도구와 절차를 활용해야 하고 학습팀이 함께 일하기 위해서는 효과적으로 팀원들의 아이디어를 도출하고 수렴할 수 있는 도구와 절차가 필요하다. 액션러닝에서의 러닝코치는 학습팀이 실제 과제를 잘 해결할 수 있도록 적절한 도구와 방법을 제안할 수 있다. 3장과 4장에서는 액션러닝에서 활용할 수 있는 다양한 도구들을 소개할 것이다. 이 장에서는 액션러닝을 하기 위한 기본 준비라 할 수 있는 팀 학습방법과 질문에 대해 알아보고자 한다.

1 팀 학습방법

액션러닝은 학습팀이 과제를 해결하는 것이다. 따라서 학습팀원들이 학습활동에 적극적으로 참여하는 것은 액션러닝의 성패를 좌우하는 중요한 일이다. 학습활동에 적극적으로 참여하기 위해서는 참여하는 방법을 알아야 한다. 합리적이고 효과적으로 참여하는 방법을 모른 채 열심히 참여만 한다면 자칫 적극적인 학습활동이 아니라 다른 구성원들의 의견은 무시한 채 내 의견만 주장하는 '바람직하지 않은 구성원'이 될 수 있다. 여기서는 학습팀이 잘 운영되기 위해 필요한 기본적인 전략들을 살펴본다.

1) 아이스 브레이크

아이스 브레이크(Ice-Break)는 '마음 열기'로, 서먹한 분위기를 깨고 활기찬 분위기를 만들기 위한 활동이다. 액션러닝은 학습자의 적극적인 참여에 의해 진행되는 것이므로 수업에 참여하는 학습자들이 서로 친근하고 편안함을 느끼는 것이 중요하다. 따라서 수업에서 토의나 팀 활동을 시작하기 전에 가벼운 아이스 브레이크 활동을 하면 수업의 효과를 높일 수 있다.

일반적으로 다음과 같이 구성원들이 자유롭게 자신의 의견을 이야기하는 것이 어색하고 부자연스러울 때 아이스 브레이크를 권장한다.

- 팀원들이 서로 잘 모르는 경우
- 팀원들 대부분이 자유로운 토의에 익숙하지 않은 경우
- 분위기가 경직되어 있거나 가라앉은 경우

그러나 이 같은 상황이 아닌 경우 토의 때마다 토의 주제와 무관한 아이스 브레이크를 의무적으로 하는 것은 바람직하지 않다. 오히려 토의를 산만하게 할 우려가 있기 때문이다. 학교 수업의 경우라면, 학기의 첫 수업시간에 한 번, 그리고 학기의 중간 정도에 수업 분위기 전환이 필요할 경우에 과하지 않은 범위에서 다시 한 번 아이스 브레이크를 하는 것이 적절해 보인다.

아이스 브레이크 방법으로는 간단한 게임하기, 현재 자신의 대표 감정을 말하는 감성 나누기, 상대방 어깨 주무르기, 자기소개 등이 있다.

첫 수업 시간의 아이스 브레이크 활동으로는 자기소개가 적절할 것이다. 자기소개는 가장 간단한 아이스 브레이크 방법이기도 하고, 팀 중심의 활동이 이루어지기 전 팀원들이 서로를 소개하고 알기 위해 수행해야 하는 가장 기본적인 단계이기도 하다. 자기소개는 교수자와 학생들, 전체 학생들, 팀 구성원들 간에 모두 이루어질 수 있도록 한다.

 아이스 브레이크의 원칙

- 아이스 브레이크가 필요한 상황에서만 실시한다.
- 최대 5분이 넘지 않도록 한다.
- 참석자들의 나이, 분위기, 성격 특성에 어울리는 것을 한다.
- 가능하면 수업내용 또는 토의 주제와 연관시킨다.

  ☑ 주의 간혹 아이스 브레이크 활동 자체를 액션러닝으로 잘못 소개하는 경우가 있는데 이는 분위기 전환용일 뿐이다.

　포럼이나 세미나에서 흔히 볼 수 있는 발표자 명패를 A4 용지를 사용해서 쉽게 만들 수 있다. 텐트 모양을 하고 있기 때문에 네임텐트(name tent)라 하며, 많은 워크숍에서 활용하고 있다. 네임텐트는 접힌 선대로 다시 펼칠 수 있으므로, 수업이 끝나면 교재 사이에 넣어 보관하여 다음 수업 시간에도 다시 사용할 수 있다. 또한 교수자와 학습자가 서로의 이름을 기억하는 데 유용하다.

[만드는 법]

① A4 용지를 3등분한 후 지지대 역할을 할 수 있도록 한 쪽 끝을 조금 접는다.

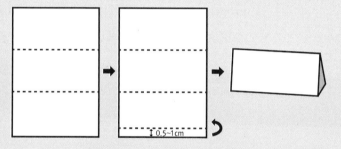

② 접힌 선을 이용하여 그림처럼 삼각형의 텐트 모양을 만든다.

③ 앞면의 중앙에 자신의 이름을 쓰고, 네 귀퉁이에는 자신을 소개할 수 있는 내용(학과, 전공, 사는 곳, 고향, 취미, 특기, 방학에 한 일 중 가장 기억에 남는 것, 추천하고 싶은 책이나 영화, 가장 좋아하는 단어, 나의 꿈, 나의 감정 등)을 쓴다. 교수자 혹은 팀 리더는 네 귀퉁이에 무엇을 쓰게 할지 안내한다.

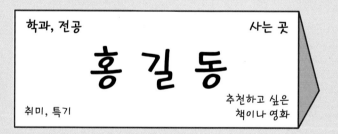

④ 네임텐트가 완성되면 다른 사람이 잘 볼 수 있도록 네임텐트를 책상 위에 올려놓고, 돌아가며 자기소개를 한다.

2) 명목집단법

팀 활동에서 이루어지는 모든 의사결정과 아이디어 도출은 명목집단법(Nominal Group Technique: NGT) 방식이 효과적이다. 명목집단법은 집단 구성원으로부터 아이디어나 정보를 모으는 구조화된 절차로, 집단의 모든 구성원이 다른 구성원의 영향을 받지 않고 자신의 아이디어를 표현할 수 있는 방법이다. 명목집단법을 활용함으로써 개개인은 집단 속에 있지만 개별적으로 일하는 것이다(Bartunek & Murninghan, 1984). 명목집단법은 집단에서 토의를 하기 전에 토의에 참가한 참가자 개개인이 다른 사람과 이야기하지 않고(침묵 속에서) 토의 주제에 대한 자신의 생각을 노트나 분임토의 양식 또는 카드 등에 정리할 수 있도록 일정한 시간을 부여하는 방법이다. 이 방법을 명목집단법이라 부르는 이유는 다른 사람과 이야기하지 않고 각자 작업하는 동안은, 명목상으로는 집단이지만 실제로는 개인적으로 작업하고 있기 때문이다.

1975년 명목집단법이 처음 제안되었을 때는 3" × 5" 크기로 종이를 잘라 사용했지만, 현재는 포스트잇을 활용한다. 명목집단법을 이용하면 다음과 같은 효과가 있다.

> **명목집단법의 효과**
>
> • 더 많은 아이디어 촉진
> • 모든 구성원들의 균등한 발언기회 제공
> • 지위에 인한 합의 압력 및 경쟁적 분위기 감소
> • 주제에 대한 구성원들의 활발한 논의 유도
> • 아이디어에 대한 우선순위를 민주적으로 정할 수 있게 함

출처: CDC (Ed.). (2006). Gaining Consensus Among Stakeholders Through the Nominal Group Technique. Evaluation Research Team.

그림 3-1 ┌─ 명목집단법으로 의견을 작성해서 차트에 붙이는 모습

일반적인 토의나 회의에서는 일부 소수자가 토의를 주도하고 대부분의
참가자들이 침묵을 지키는 상황이 종종 발생한다. 명목집단법을 실시할 경
우 전원이 아이디어를 제시하면서 토의에 참가할 수 있으며, 아이디어를 쉽
게 정리할 수 있다. 명목집단법 활용법은 다음과 같다(최정임, 장경원, 2010).

① 사회자는 토의 주제가 무엇인지 명확히 안내한다.
② 주제에 대한 자신의 의견이나 아이디어를 각자 포스트잇에 적는다.
　　이때 아이디어를 생각해서 적을 수 있도록 3~5분 정도의 시간을 주
　　며, 이 시간에는 서로 상의하거나 떠들지 않는다. 아이디어를 작성할
　　때는 가독성과 이동성을 높일 수 있도록 다음의 사항을 따른다.
　　• 포스트잇 한 장에는 한 가지의 개념, 단어, 아이디어만 적는다.
　　• 모두가 볼 수 있도록 네임펜, 칼라펜 등을 사용하여 굵은 글씨로
　　　적는다.
　　• 모두가 잘 읽을 수 있도록 또박또박한 글씨로 크게 적는다.
　　• 팀별, 주제별로 색깔을 구분할 필요가 있을 때는 색깔을 구분하여
　　　적는다.

바람직한 작성 예시   바람직하지 않은 작성 예시

③ 각각의 의견이 적힌 포스트잇을 직접 벽이나 큰 종이에 붙인다. 이때 특정 의견이 누구의 것인지 밝히지 않는다.

④ 비슷한 내용끼리는 합치면서 내용별로 분류한다. 이때, 팀 리더는 나열된 아이디어 중 뜻을 이해하기 어려운 것은 제안자의 설명을 들어 명료하게 조정한다. 기록된 모든 의견을 공유하며 논의한다.

⑤ 제안된 아이디어들에 우선순위를 묻는 투표를 하여, 최종적으로 가장 많이 점수를 얻은 것을 선택한다. 투표 시 다음의 사항을 따른다.

- 팀원들은 가장 바람직한 아이디어가 적힌 포스트잇에 스티커를 붙이거나 도형을 그려 투표를 한다.
- 1인당 가능한 적정 투표 수는 상황에 따라 적절하게 정하지만, 많은 경우 (전체 아이디어 수/2)-1개 또는 전체 아이디어 수/3개를 적정 투표 수로 제안하기도 한다.

3) 팀 빌딩

한 학기 동안 팀 활동이 효과적으로 이루어지기 위해서는 팀워크가 매우 중요하다. 팀 빌딩이란 팀워크를 다지는 활동으로서, 팀 활동의 성공 여부는 팀 빌딩에 있다고 해도 지나친 말이 아니다. 학습자들이 서로 서먹서먹

그림 3-2 ㅡ 팀 빌딩을 위한 활동들

해서 팀 분위기가 활기차지 않거나, 함께 뭔가 해 보자는 팀 분위기가 이루어지지 않은 상태에서 팀 과제가 성공적으로 수행되기는 어려울 것이다.

팀 빌딩은 기본적으로 팀 이름 만들기, 팀 구호 만들기, 모든 팀 구성원들이 자발적으로 지키기 위한 그라운드 룰(ground rule) 만들기의 세 가지 활동을 할 수 있다.

그라운드 룰은 집단이 어떻게 활동할 것인지에 대해 서로 약속하고 분위기를 만들어 나가는 활동이다. 그라운드 룰은 교수자가 정하는 것이 아니라 팀원들이 자발적으로 정하는 것이 좋다. 사람은 타인에 의해 요구되는 규칙보다는 자발적으로 제안하고 정한 규칙을 지키려는 성향이 있기 때문이다. 그라운드 룰은 집단의 활동을 촉진할 수 있으며, 일부 학습자들이 무임승차하는 것을 방지하는 효과가 있다. 그라운드 룰을 정하는 것은 서로를 격려하면서 활발한 참여를 도모하기 위한 장치다.

실질적인 효과를 내기 위해서는 그라운드 룰을 구체적으로 정해야 한다. '적극적으로 참여하기'나 '항상 즐거운 마음으로 하기'처럼 포괄적이거나 추상적인 표현보다는 '모임에 올 때는 생각을 미리 메모해 와서 토의에 임하기' '토의 중 최소한 한 번 이상 다른 사람 칭찬해 주기' 식으로 구체적인 것이 바람직하다. 교수자는 그라운드 룰의 예시를 보여 주면서 가능하면 구체적인 규칙을 만들도록 지도한다.

교수자는 각 팀별로 이루어지는 팀 빌딩 활동에 참여하면서 학습자가 개방적이고 편안함을 느낄 수 있도록 해야 한다. 시간이 허락한다면, 팀별로 결정된 팀 이름, 팀 구호, 그라운드 룰 등을 다른 팀 앞에서 발표할 수 있는 기회를 주는 것도 팀워크에 매우 효과적이다. 수업을 위한 온라인 커뮤니티를 마련한다면 팀 빌딩 결과를 온라인 공간에 게시하도록 한다.

표 3-1 K대학 학생들의 그라운드 룰 예시

- 다른 사람 의견에 태클부터 걸지 말자.
- 자신이 맡은 역할에 충실히 임하기!
- 모임에 올 때는 생각을 미리 메모해 와서 토의에 임하기
- 팀별 토의실에 일주일에 2번 이상 오기
- 주 단위 보고 시간은 매주 수요일 오후 10시로 한다(유동성 있음).
- 적어도 정해진 시간, 날짜에 게시판에 접속한다.
- 모임에 불참 시, 다음 모임에 다과를 준비한다.
- 수강 정정하지 않고 끝까지 맡은 역할을 완수한다.

4) 성찰

Hammer와 Stanton(1997)에 따르면 조직과 집단은 여러 가지 모습으로 실패를 하는데, 이러한 실패의 원인에는 한 가지 공통점이 있다. 성찰이 없었다는 점이다. 리더십 분야의 대가인 Kotter(1998)는 성찰을 리더십 개발의 필수 요소라 하였다. 성찰을 통해 자신을 더 잘 알게 되기 때문이다.

성찰이란 행동하거나 학습한 것에 대해 다시 깊이 생각하는 과정을 말한다. 액션러닝에서는 성찰을 학습의 중요한 도구로 보기 때문에 과제 수행

을 하는 모든 프로세스에서 지속적인 성찰을 강조한다. 학습자들은 성찰 과정을 통해 자신의 경험으로부터 학습이 이루어진 부분을 확인할 수 있고, 성찰을 하면서 한 걸음 뒤로 물러나 사물에 대한 새로운 시각에 도달할 수 있다. 또한 성찰 과정에서는 학습한 내용을 자신의 삶 속에서 어떻게 실천할 것인지 구체화하게 되므로 실행 가능성을 높일 수 있다(장경원, 고수일, 2013). 그러므로 어떤 학습을 성찰 없이 종료한다면 경험이 주는 소중한 학습기회를 놓치는 셈이 된다.

성찰의 효과는 학습자들이 함께할 때 더욱 크다. 모든 사람은 자신만의 생각의 틀이 있어서 세상을 바라보고 해석하는 방식이 서로 다르다(고수일, 조은별, 2012). 학습자들은 함께 성찰하는 과정에서 서로의 경험과 생각을 공유함으로써 다양한 관점을 학습할 수 있는 기회를 가질 수 있다.

성찰의 시간은 다양한 방법으로 이루어질 수 있다. 먼저 앞서 학습한 명목집단법(NGT)을 활용하여 학습자들이 배우고 느낀 점을 함께 공유할 수 있다. 먼저, 플립차트나 전지에 배우고 느낀 점, 실천 및 적용할 점이라고 제목을 쓴다. 학습자들은 포스트잇에 각자가 배우고 느낀 점, 실천 및 적용할 점을 각각 두 가지 이상씩 작성한다. 작성한 내용을 해당란에 붙인 후 자신의 성찰 내용을 발표하여 공유한다. 그러나 꼭 아래와 같은 양식을 사용해야 하는 것은 아니다. 교수자가 융통성을 발휘하여 성찰 내용을 각자 간단히 메모한 후 전체적으로 공유하는 시간을 가질 수도 있다.

배우고 느낀 점	실천 및 적용할 점

그림 3-3 ― 성찰하는 모습

　학습한 내용을 학습자의 행동이나 학습으로 보다 효과적으로 전이시키고자 한다면 아이디어 발산 도구나 문제해결 도구를 성찰의 도구로 활용할 수도 있다. 예를 들어 ERRC라는 프레임[1](김위찬, 르네 마보안, 2008)을 활용할 수 있다. 즉, 어떤 행동이나 주제에 대해 제거(eliminate)해야 할 행동/태도, 감소(reduce)시켜야 할 행동/태도, 증가(raise)시켜야 할 행동/태도, 창조(create)해야 할 행동/태도 등이 무엇이 있는지 성찰하는 것이다. 예를 들면, '우리 팀원들의 역할 수행' '나의 교수법 스타일' '내가 부모님을 대하는 태도' 등 과제해결 과정이나 학습내용과 관련하여 성찰하는 것이다.

---

1 ERRC는 블루오션전략에서 활용하는 분석 도구의 하나다.

제거해야 할 행동/태도	감소시켜야 할 행동/태도

증가시켜야 할 행동/태도	창조해야 할 행동/태도

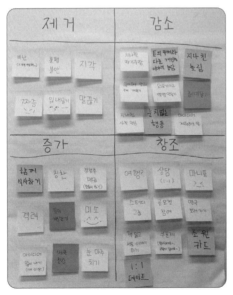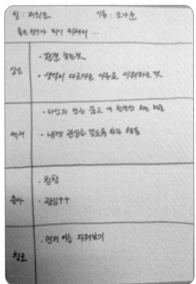

그림 3-4 — ERRC 프레임을 활용한 성찰 사례

5) 경청

액션러닝의 과제는 학습자들의 다양한 의견과 지식, 역량에 의해 진행되며, 어느 한 사람이 아닌 구성원 모두의 경험과 지식, 아이디어들을 필요로 한다. 그래서 기본적으로 다른 사람의 시각과 의견을 존중하고 새로운 아이디어에 대해 개방적이고 허용적인 분위기가 형성되어야 한다. 토의 중 누군가 다른 사람의 의견에 비난을 하거나, 경청하려는 분위기가 형성되어 있지 않으면, 다른 사람들이 자신의 의견을 내 놓기에 주저하거나 의욕을 갖기 어렵다. 다른 사람들을 존중하고 그들의 시각과 견해를 배우고자 하는 구성원들이 많을 때 팀은 과제를 성공적으로 수행할 수 있다.

따라서 교수자는 학습자들에게 경청의 태도를 강조해야 한다. 경청은 단지 듣는 것이 아니다. 경청이란 상대방이 말하는 내용뿐만 아니라 그 내면에 있는 것, 언어에 나타나지 않은 것, 상대방의 감정 등을 공감하며 깊이 듣고 자신이 이해한 바를 상대방에게 확인시켜 주는 자세를 말한다. 그러나 경청은 쉬운 일이 아니다. 수많은 연습을 필요로 한다. 교수자는 다음에 제시된 경청의 기술을 활용하여 학습자들이 경청 방법을 연습하고 경청의 중요성을 체험할 수 있는 기회를 주는 것이 바람직하다.

> **경청의 다섯 가지 기술**
>
> - 이야기하는 사람을 향해 몸을 틀어 준다.
> - 이야기하는 사람의 눈을 본다.
> - 이야기를 듣고 반응이 필요한 부분에서 고개를 끄덕인다.
> - 이야기를 듣고 공감을 표현한다.
> - 질문을 통해 상대방이 말한 의미를 명료화한다.

다음은 자신의 경청 수준을 진단할 수 있는 진단지다. 교수자뿐만 아니라 학생들도 직접 자신의 경청 수준을 확인할 수 있도록 진단해 보자. 점수가 낮게 나온 경우에는 앞서 소개된 경청의 기술을 참고하여 경청하도록 노력해야 한다.

 나의 경청 수준은?

다음 행동들은 적극적 경청과 관련된 내용이다. 자신에게 해당되는 정도를 측정해 보자.

전혀＝1
거의 안 한다＝2
가끔 그렇다＝3
대부분 그렇다＝4
항상 그렇다＝5

다른 사람과 대화를 할 때, 나는……
1. 다른 사람의 생각을 이해하려고 한다.
2. 자신의 생각을 일단 보류한다.
3. 그 사람에게 주의를 집중한다.
4. 대화할 때 대부분의 시간을 말하기보다는 듣는 데 보낸다.
5. 정확히 이해했는지를 확인하기 위해 질문을 던지기도 한다.
6. 이해받기 전에 이해하려고 한다.
7. 주변에 잡념을 일으킬 만한 것들(전화, 다른 사람들의 대화 등)은 무시한다.
8. 이야기 도중에 시계를 보지 않는다.
9. 적절한 보디랭귀지(웃음, 끄덕임, 제스처 등)를 사용한다.
10. 내가 제대로 이해했는지 확인하기 위해 알기 쉽게 말을 바꾸어 말해 보

기도 한다.

11. 듣는 도중에는 어떻게 반응할 것인지에 대해 생각하지 않는다.

12. 상대방의 말이 끝난 후에야 말한다.

13. 대화 중에는 그 사람에 대해 판단하지 않는다.

14. 말하려는 조바심이 없다.

점수 합산 후 다음과 같이 진단할 수 있다.

56점 이상: 훌륭한 경청가

42~55점: 좋은 경청가

41점 이하: 말하기보다는 듣는 연습이 필요

출처: 고수일, 조은별(2012), pp. 88-89.

6) 칭찬

액션러닝 과정에서 팀원들이 과제해결과 학습이라는 두 가지의 목적을 달성하기 위해서는 협력적이고 긍정적인 분위기가 매우 중요하다. 이를 위해 팀원들 간에 칭찬의 태도가 강조되어야 한다.

사람은 누구나 다른 사람들로부터 인정을 받으면 기분이 좋다. 그리고 자기를 인정해 주는 사람들을 실망시키고 싶지 않을 것이다. 그래서 작은 것일지라도 다른 사람이 노력한 결과에 대해 인정하고 칭찬하는 분위기는 학습팀에 활력을 불어넣어 주고 팀원들의 동기를 향상시킨다.

교수자가 다음과 같은 기술로 칭찬을 실습시키면 학습팀의 분위기에도 도움이 될 것이다.

칭찬의 기술

1. 칭찬할 일이 생겼을 때 즉시 칭찬한다.
2. 잘한 점을 구체적으로 칭찬한다.
3. 되도록 공개적으로 칭찬한다.
4. 결과보다는 과정을 칭찬한다.
5. 사랑하는 사람을 대하듯 칭찬한다.
6. 거짓 없이 진실한 마음으로 칭찬한다.
7. 긍정적인 눈으로 칭찬할 내용을 찾는다.
8. 잘하지 못할 때는 격려한다.
9. 잘못된 일이 생기면 관심을 다른 방향으로 유도한다.
10. 가끔씩 자기 자신을 칭찬한다.

출처: 조천제 역(2003).

그림 3-5 ← 칭찬 실습 사례

[그림 3-5]는 팀원들을 관찰한 결과를 근거로 각 팀원들의 장점을 포스트잇에 쓴 후 종이에 붙인 것이다. 팀별로 모두 완성되면 한 명씩 돌아가면서 당사자에게 읽어 준 후 준다.

2 질문

1) 질문의 힘

교수자 중심의 수업에서는 바른 대답이 중요하지만, 학습자 중심의 수업에서는 질문에 초점을 두어야 한다. 질문은 단순히 정답을 구하기 위한 것이 아니다. 위대한 대답은 위대한 질문에서 나온다. 학습자들은 교수자의 질문에 대답하는 과정을 통해 자신이 알고 있는 것을 명확히 할 수 있으며, 새로운 관점과 깊이 있는 사고를 발전시킬 수 있다.

좋은 질문은 다음과 같은 효과가 있다.

첫째, 질문은 참여를 촉진시킨다. 즉, 교수자의 말을 수동적으로 받아들이는 태도에서 벗어나 문제에 답을 찾기 위한 학습자들의 참여를 유도한다.

둘째, 질문은 생리적으로 뇌를 활성화하고 학습을 촉진한다. 예를 들면, '질문은 학습효과를 높인다'는 문장보다는 '질문은 어떻게 학습효과를 높일까?'와 같은 질문은 해답을 스스로 끄집어내려는 과정을 통해 우리의 뇌를 더 자극시킨다.

셋째, 질문은 관점을 변화시키거나 다양한 관점을 낳는다. 예를 들면, '어떻게 내가 우리 학교에서 최고의 교수자가 될 수 있을까?'라는 질문을 '어떻게 내가 우리 학생들을 위해 최고가 될 수 있을까?'로 바꾸면 답에 필요한 가정이 '경쟁'의 개념에서 '가치 있는 공헌'의 개념으로 바뀌게 된다.

넷째, 질문은 아직 존재하지 않는 아이디어와 통찰력을 불러내는 초대장과 같다. 예를 들면, '최고 인력을 잃지 않으려면 어떻게 해야 할까?'보다는 '내가 조직에서 정말 일하고 싶을 때는 언제인가? 그 이유는 무엇인가?'와 같은 질문이 창의적인 대안을 찾는, 보다 열린 분위기를 만든다(Brown & Isaacs; 최소영 역, 2005).

2) 중립적인 열린 질문 사용하기

이와 같은 질문의 효과가 모든 질문에 해당되는 것은 아니다. 훌륭한 질문은 생각하는 힘과 분석 능력을 끌어올려 주지만, 나쁜 질문은 학습자의 학습의욕을 오히려 떨어뜨리며 사고의 발달을 제한하기도 한다. 따라서 질문을 잘하는 것은 쉬운 일이 아니다. 질문 자체에 문제가 있기도 하고, 질문하는 방식에 문제가 있는 경우도 있다.

좋은 질문과 나쁜 질문을 구분하면서 좋은 질문을 습득하는 데는 간단한 방법이 있다. 질문을 중립적인 열린 질문으로 하는 것이다.

질문은 닫힌 질문(closed question)과 열린 질문(open question)으로 구분될 수 있다. 닫힌 질문은 "예" 또는 "아니요"라는 답변만 허용하는 질문이다. 일반적으로 동의여부나 간단한 확인이 필요한 경우에 많이 쓰인다. 간단한 대답만을 요구하기 때문에 답변을 쉽고 빠르게 끝내는 경우, 또는 자세한 생각을 들을 필요가 없는 경우에도 닫힌 질문이 유용하다. 예컨대, "지금 시작해도 될까요?"와 같이 간단하게 물으면 쉽게 대답하고 진행할 수 있다. 그러나 이런 닫힌 질문으로는 상대방이 생각을 제대로 표현하도록 촉진할 수 없다.

열린 질문은 질문의 범위가 넓어 다양한 대답을 허용하며 자유롭게 대답할 수 있다. 다음의 예를 보자.

"현장에게 배운 점이 많았나요?"
"현장에서 무엇을 배웠나요?"

비슷한 질문이지만 대답이 전혀 다를 뿐 아니라 열린 질문은 상대방에게 분석적이고 개방적인 사고를 허용해 준다는 사실을 알 수 있다.

대부분의 열린 질문은 중립적이지만 간혹 가치가 부여된 유도 질문인 경우도 있다. 유도 질문(value-loaded question)은 "~이지 않나요?"처럼 상대방이 질문자의 기대대로 답변하기를 유도하는 질문이다. 유도 질문으로는 상대방이 어떤 생각을 가졌는지 올바르게 판단할 수 없다. 상대방이 어떤 생각을 가졌는지 알기 위해서는 질문에 아무런 가치가 반영되어 있지 않은 중립적 질문(neutral question)을 던져야 한다. 교수자가 "이 문제에 대한 답을 찾으려면 성공 경험을 가진 사람과 인터뷰를 해야 할 것 같은데, 어떻게 생각하나요?"라는 질문에 "아니요"라고 자신의 의견을 말하는 학생은 많지 않을 것이다. 이보다는, "이 문제에 대한 답을 찾기 위해 어떻게 하면 좋을까요?"라는 중립적인 열린 질문을 던져야 할 것이다.

예전에 입학사정관이었던 어느 교수는 면접관이었던 동료교수가 계속 닫힌 질문을 하면서 유도 질문을 던지는 것을 보고 놀랐다고 한다. 닫힌 질문으로는 면접을 보는 그 학생의 생각을 충분히 들을 수 없으며 가치가 부여된 질문을 하면 그 학생은 당연히 그 교수의 기대대로 답변하기 마련이다.

또한 "왜 이것밖에 되지 않는 것이죠?"와 같은 질문은 개방형 질문이지만 다분히 상대방에게 책임을 따지는 것이 의도된 질문이다. 이러한 유형의 질문은 상대방에게 실질적인 도움이 되지 않는다. 상대방을 도와주고 문제를 해결하려는 의도가 담기려면 가치나 책임의 느낌이 담기지 않도록 중립적으로 열린 질문을 던져야 할 것이다. 예컨대, "이것밖에 되지 않는 원인이 어디에 있을까요?" "이 문제를 어떻게 풀면 좋을까요?" 등의 질문이 바람직하다.

상황에 따라 적절하고 좋은 질문을 하는 것이 쉬운 일은 아니지만 대체로 중립적인 열린 질문들은 좋은 질문일 가능성이 크다.

중립적인 열린 질문으로 바꾸기

다음에 제시된 질문을 중립적인 열린 질문으로 바꿔 보세요.

1. 현장 책임자와의 인터뷰는 잘 진행되었나요?

2. A보다는 B가 보다 근본적인 원인이라고 볼 수 있지 않을까요?

3. 왜 이 정도밖에 못했나요?

4. A가 다른 요인들보다 더 중요하다고 생각하는데, 어떻게 생각하나요?

5. 이렇게 할 경우 결과가 좋을 것이라고 생각하나요?

[정답: p. 86]

3) 토의 진행을 위한 반응 질문

토의를 시작할 때 질문을 던지면 학습자들이 반응하기 시작한다. 토의 내용과 관련된 반응을 하기도 하고 때로는 다소 불분명한 반응을 하기도 한다. 심지어 아예 논의와는 전혀 무관한 반응을 하는 학습자들도 있을 수 있다. 이때 반응 질문을 적절히 사용하면, 토의를 보다 효과적으로 진행할 수 있다. 예를 들어 어떤 학생의 말이 옳지 않다고 생각하는 경우, "그 의견은 옳지 않은 것 같습니다." 식의 반응은 학생들의 의견 제시를 주저하게 만들고 토의 분위기를 가라앉힐 것이다. 활발한 토의를 위해서는 학생들의 의견을 존중하고, "그것이 중요한 이유는 무엇입니까?"와 같은 질문을 통해 학생들이 다양한 관점을 표현하도록 이끄는 것이 좋다.

표 3-2 반응 질문

상황	적절치 못한 반응	효과적인 반응	질문 유형-목적
발표자의 말이 옳지 않은 경우	"그 의견은 옳지 않은 것 같습니다."	"그것이 중요한 이유는 무엇입니까?"	직접 규명 질문 - 발표자의 생각을 촉진하기 위해
당신이 발표자의 말을 이해하지 못하며, 다른 사람들도 이해하는지 확신하지 못하는 경우	"무슨 말인지 이해가 가지 않습니다."	"~때문에 그것이 중요한 것입니까?"	간접 규명 질문 - 발표자에게 명확히 설명할 기회를 주기 위해
다른 사람들이 발표자의 말을 이해하지 못하지만, 당신은 이해하는 경우	"이 학생의 말을 제가 여러분께 설명해드리겠습니다."	"지금 한 말은 ~처럼 들리는군요. 그렇지 않습니까?	확인 질문 - 당신이 이해한 것을 명확히 확인하기 위해
적절한 해결안이 간과된 경우	"우리가 ~을/를 해야 할 것 같군요."	"~한 측면에서는 어떤 해결안을 찾을 수 있을까요?"	관점 전환 질문 - 다른 해결안을 찾기 위해
발표자가 현재의 논의와 상관없는 것을 말하는 경우	"그 말은 지금 진행 중인 논의와 관계가 없습니다. 자, 넘어갑시다."	"좋은 지적입니다. 그것을 여기에 적어 놓고, 이 논의를 마친 후 다시 ~을/를 알아볼까요?"	방향 재설정 질문 - 논의의 초점을 유지하기 위해
토의가 정체된 경우	"다음 주제로 넘어가도록 합시다."	"지금까지 a, b, c를 알아봤는데요, ~을/를 위해 그 밖에 할 수 있는 것은 무엇일까요?"	촉구 질문 - 학습자들이 논의를 계속 진전시키도록 돕기 위해

출처: 고수일, 김형숙, 김종근 역(2009)에서 일부 수정.

4) 의견을 띄운 후 후속 질문

토의 과정에서 학습자들이 자기효능감과 성취감을 느끼려면, 도출된 의견과 아이디어들이 '자신의 것'이라는 주인의식을 갖는 것이 중요하다. 물론 의견에 대한 주인의식을 가지려면 그 의견들이 학습자들의 입에서 나와야 할 것이다. 그러나 간혹 학습자들이 특정 의견이나 아이디어를 떠올리지 못하는 경우가 있다. 이때는 마냥 기다리기보다는 학습자들에게 의견을 제시한다. 예를 들면, "~은/는 어떨까요?"의 질문을 던진 후 학습자들의 반응을 기다린다. 학습자들이 호의적으로 반응한다면 직접 규명 질문 형태를 사용한다. 예를 들면, "그것의 장점이 무엇이라고 생각합니까?"라고 묻는 것이다. 학습자들이 장점을 나열하는 순간, 그 아이디어는 그들의 것이 된다. 주인의식이 더 확실해질 수 있도록 "내가 그 아이디어를 어떻게 적어야 할지 얘기해 주세요."(고수일, 김형숙, 김종근 역, 2004)와 같이 질문할 수도 있다.

5) 과제 진행을 위한 단계별 질문

팀을 구성해서 과제를 진행할 경우, 교수자는 질문을 통해 학습자들의 과제 진행을 효과적으로 코치할 수 있다. 즉, 과제 수행 단계별로 해야 할 일들을 교수자가 가르치거나 지시를 하기보다는 질문을 통해 학습자들이 스스로 답을 찾도록 코치하는 데 초점을 맞춘다.

팀 빌딩 과정에도 교수자의 질문은 매우 효과적이다. 예를 들면, "과제 수행 과정에서 여러 가지 어려움을 겪을 수 있는데, 그러한 난관을 극복하게 하는 이 팀의 강점은 무엇인가요?"라는 질문은 팀 구성원들로 하여금 팀에 대한 긍정적인 시각을 갖게 하여 팀 활동에 몰입하도록 독려할 수 있다.

그리고 그러한 질문 중심의 수업 분위기를 형성하기 위해서는 다양한 사고를 촉진시키는 교수자의 개방적 태도 역시 중요하다. 교수자는 답을 유도하는 유도 질문이나 "예" "아니요"로 답하는 닫힌 질문이 아닌, 사고와 관점을 넓고 깊게 할 수 있는 유형의 질문을 학생들에게 던져야 한다.

표 3-3 단계별 질문의 예시

단계	질문
팀 구성	• 어려움에 부딪혀도 우리가 포기하지 않도록 에너지와 용기를 주는 것은 무엇일까요? • 우리의 강점은 무엇인가요? • 우리의 역량을 강화시킬 수 있는 방법은 무엇인가요? • 팀을 하나로 만들려면 무엇을 해야 할까요?
과제의 범위를 조정하고 파악할 때	• 여러분이 성취할(성취하고 싶은) 일은 무엇이죠? • 가장 관심이 가는 분야는 무엇인가요? • 가장 중요하다고 생각하는 요인은 무엇입니까? • 우리가 살펴볼 수 있는 또 다른 측면은 무엇일까요?
계획 및 목표를 설정할 때	• 그것을 달성하는 최선의 방법은 무엇인가요? • 목표 달성을 위한 다른 방법은 무엇인가요? • 다음에는 무엇을 하고 싶나요? • 과제를 수행하기 위해 무엇을 해야 하나요? • 왜 그것을 해야 하나요?(왜 그것이 중요하나요?) • 우리가 할 수 있는 일은 무엇일까요? • 계획대로 진행될 경우, ～의 미래는 어떤 모습이 될까요? • 권한이 있다면 무엇을 바꾸고 싶나요? • 왜 이것(이 과정)이 중요한가요?
탐색이나 분석을 촉진할 때	• 이러한 현상이 발생하는 원인이 무엇일까요? • ～라고 말했는데, 그 이유가 뭐라고 생각하나요? • 이것은 결국 어떤 영향을 미칠까요? • 그렇게 한다면 어떤 결과가 발생할까요? • 그들이 (진정) 원하는 것이 무엇이라고 생각하나요? • ～을/를 위해 우리가 살펴보아야 할 사항들은 무엇이죠?

학습을 유도할 때	• 그 대안의 장단점은 무엇인가요? • 그것을 실행한다면 어떤 장애요인(어려움)을 예상할 수 있을까요? • 그 장애요인을 어떻게 극복할 수 있을까요? • 그러한 결론이 기초로 하는 가정은 무엇이죠? • 그 가정이 옳다는 것을 어떻게 알죠?(검증하죠?) • 어떤 결론을 이끌어 낼 수 있을까요? • 그 사실은 무엇을 시사(의미)하나요? • 우리가 알아야 할 것은 무엇인가요? • 그것을 뒷받침할 수 있는 이론적 근거는 무엇이지요? • 그것을 확인하기 위해 무엇을 학습해야 할까요?
새로운 시각을 촉진할 때	• 왜 그렇게 생각하나요? • 그 문제를 다른 관점에서 볼 수 있나요? • 만일 ~한다면 어떻게 될까요? • 그것을 다른 방식으로도 할 수 있을까요? • 우리가 생각할 수 있는 다른 대안은 무엇일까요?
과제 마무리 이후에 성찰할 때	• 과제를 수행하면서 무엇을 배웠나요? • (그러한 경험을 통해) 우리가 배울 점은 무엇인가요? • 어떤 성과를 얻었다고 생각하나요? • 그 대안이 어떤 점에서 실질적으로 도움이 될 것이라고 생각하나요? • 당신은 이 과제에 어떻게 기여했나요? • 이 과제를 다시 한다면 무엇을 바꾸고 싶나요? • 과제 목표를 충분히 달성했다고 생각하나요?(예/아니요) 어떤 점에서 그렇죠? • 그 과제를 해결하기 위해(그 결과물을 얻기 위해) 살펴본 점은 무엇이 죠? • 과제 수행 과정이나 결과물에서 잘했던 것이 무엇인가요? • 도출된 해결안이 질적으로 어떻다고 생각합니까? • 과제가 우리의 학습에 도움이 된 것은 무엇입니까?(가장 가치 있는 학 습은 무엇이었나요?) • 팀에 대해 무엇을 배웠나요? • 과제를 통해 배운 학습을 어디에 적용할 수 있을까요? • 내(교수자)가 추가로 물어보기 원하는 질문은 무엇인가요?

참고: 최정임, 장경원(2010); Marquardt (2006); 고수일, 김형숙, 김종근 역(2004).

6) 바람직한 질문 자세

질문의 내용도 중요하지만 질문할 때의 자세와 태도 역시 신경 써야 한다. 커뮤니케이션 이론에 의하면 언어로 전달되는 메시지보다 비언어적인 메시지가 의미 전달 시 더 큰 비중을 차지하고 있다고 한다. 교수자가 어떤 태도로 질문하고 학생들의 질문에 어떤 자세로 반응하느냐에 따라 이후에 학생이 더 많은 질문을 할 수도 있고 그렇지 않을 수도 있다. 예전에, 필자가 강의 평가에서 받은 피드백 가운데 하나는, "교수님은 정답을 기다리시는 듯 보여요."였다. 왜 그런 말이 나왔을까 곰곰이 생각해 보니 짐작이 갔다. 질문을 던진 후 어떤 학생이 의견을 말하면 "아… 땡! 다른 의견은?"라고 대답했다가 기다리는 의견이 나오면, "딩동댕!"하던 모습이 생각났다. 이런 태도로 질문을 한다면 학생들이 자신의 의견을 자유롭게 내놓기보다는 교수자가 원하는 정답을 찾기 마련이다. 그래서 질문의 내용도 중요하지만 질문하는 태도에도 각별히 신경을 쓸 필요가 있다. 정답을 요구하는 듯 하거나 교수자와 다른 생각을 허용하지 않는 권위적인 태도는 학생들의 적극적인 표현을 촉진할 수 없을 것이다. 평범하지 않은 의견이 나올 때는 그 신선함을 칭찬하고, 학생들의 의견이 틀렸더라도 절대 '틀렸다'는 식으로 대응하지 말고 "그렇게 생각하는 이유가 뭐죠?" "아, 그렇게 볼 수도 있겠군요." 하면서 학생의 의견을 존중해 주어야 할 것이다.

질문은 단지 언어로만 하는 것이 아니라 온몸으로 한다는 사실을 명심해야 한다. 학생들은 교수자가 던지는 질문의 내용뿐만 아니라, 교수자의 태도에도 반응한다. 적절한 촉진 질문을 던졌는데도 학생들이 반응을 적극적으로 하지 않는다면 태도에 문제가 있었던 것은 아닌지 살펴봐야 할 것이다. 질문을 할 때에는 다음과 같은 바디랭귀지 원칙에 따라 질문해야 한다.

질문할 때 명심해야 할 바디랭귀지 원칙

1. 팔짱을 끼지 않는다.
2. 응답자를 향해 정면으로 바라본다. 다른 곳을 쳐다보지 않는다.
3. 질문을 할 때와 끝맺을 때, 상대방과 눈을 맞춘다.
4. 바로 서거나 등을 곧게 펴고 질문한다.
5. 바닥에 두 발을 붙이고 서거나 앉는다.
6. 움직이거나 흔들지 말고 초조함을 드러내지 않는다.
7. 질문을 하자마자 약간 몸을 앞으로 숙여 답에 관심이 있다는 것을 보여 준다.
8. 편안한 표정을 짓는다. 눈썹을 찡그리거나 입술을 오므리거나 깨물거나, 곁눈질을 하거나 불편한 모습을 보이지 않는다.
9. 상대방의 말을 가로막으려는 움직임을 보이지 않는다.
10. 대답에 준비되어 있는 듯이 보인다.

출처: 김재명 역(2009).

중립적인 열린 질문으로 바꾸기 정답

1. 현장 책임자와의 인터뷰는 잘 진행되었나요?
   ⇨ 현장 책임자와의 인터뷰에서 무엇을 배웠나요?
2. A보다는 B가 보다 근본적인 원인이라고 볼 수 있지 않을까요?
   ⇨ 가장 근본적인 원인은 무엇인가요?
3. 왜 이 정도밖에 못했나요?
   ⇨ 무엇을 더 보완해야 할까요?
4. A가 다른 요인들보다 더 중요하다고 생각하는데, 어떻게 생각하나요?
   ⇨ 가장 중요하다고 생각하는 요인은 무엇인가요?
5. 이렇게 할 경우 결과가 좋을 것이라고 생각하나요?
   ⇨ 이렇게 할 경우 어떤 결과를 예상할 수 있을까요?

표 3-4 교수자의 역할 비교: 지식 전달자 vs 러닝코치

지식 전달자로서의 교수자	러닝코치로서의 교수자
교수자: 이 팀은 문제의 원인으로 A에만 초점을 맞추었는데, 그 외에 B도 ~라는 점에서 중요한 원인이라고 볼 수 있겠죠? 학생들: 네.	교수자: 문제의 원인을 A 외에 다른 측면에서 찾는다면 무엇일까요? 학생들: B요(또는 C요). 교수자: 그 이유는 무엇이지요?
교수자: 그것과 관련된 정보 수집은 어떻게 하는 것이 좋을까요? (0.5초 후) 현장에 있는 사람과 인터뷰를 해야겠죠? 학생들: 네.	교수자: 그것에 관한 정보를 가장 잘 아는 사람은 누구일까요? 학생들: 현장에 있는 사람이요. 교수자: 그럼 무엇을 해야 하죠? 학생들: (여러 가지 답변들)
교수자: 이러한 현상들을 살펴볼 때, 우리는 다음과 같은 사실을 알 수 있습니다. 첫째,…… 둘째,…… 학생들: (받아 적는다.)	교수자: 이러한 현상이 우리에게 주는 시사점은 무엇일까요? 학생 A: A요. 교수자: 좋아요. 또 다른 점은? 학생 B: B요.

4장

액션러닝을 위한 효과적인 도구들 Ⅱ

3장에서 팀 활동을 위한 도구들을 학습했다면, 이 장에서는 과제해결을 위한 구체적인 기법을 다룬다. 과제를 해결하기 위해서는 창의적인 아이디어를 도출해야 하고, 다양한 의견 중 가장 적절한 것을 선택해야 하며, 과제의 원인과 결과를 분석하고, 필요한 내용을 조사하는 등, 다양한 활동을 해야 한다. 이 장에서는 시행착오를 줄이면서 효과적으로 과제를 해결할 수 있는 창의적이고 논리적인 여러 도구와 절차에 대해 알아보고자 한다.

---

1 | 아이디어 도출 및 수렴 도구

과제해결을 위해서는 다양한 아이디어를 도출하는 것이 필요하다. 사람이라면 누구나 생각을 한다는 점에서 아이디어 역시 누구나 만들어 낼 수 있다. 이때 몇 가지 기본적인 요령을 갖춘다면 보다 효과적으로 아이디어를 도출할 수 있을 것이다. 예를 들면, 모든 사람들이 아이디어를 제시하고, 아이디어의 질보다는 양을 늘리는 데 집중하고, 다양한 각도에서 생각할 수 있도록 상상력을 발휘하는 것이다.

표 4-1 다양한 아이디어 도출 기법들

분류	내용	예
자유연상법	주제에 대해 생각나는 대로 자유롭게 발상하여 아이디어를 생각해 내는 방법	• 브레인스토밍 • 브레인라이팅
강제연상법	주제와 무관한 사물을 강제로 주제와 연결시켜 발상하는 방법	• 랜덤 워드(random word) • 디딤돌(생각의 피자판) • 이미지 활용 아이디어 도출

　개인 또는 팀 구성원들이 아이디어를 도출하는 방법들은 크게 자유연상법과 강제연산법으로 구분할 수 있다(〈표 4-1〉 참조). 자유연상법은 주제에 대해 생각나는 대로 자유롭게 발상하여 아이디어를 생각해 내도록 하는 방법이고, 강제연상법은 주제와 무관한 그림이나 단어를 강제로 주제와 연결시켜 발상하는 방법이다.

　두 방법 모두 다양한 기법들을 포함하고 있는데, 여기서는 팀원들이 자신의 의견을 모두 이야기하는 기법인 명목집단법(NGT)을 기본 전략으로 자유연상법과 강제연상법을 활용할 수 있도록 소개하고자 한다. 사실 명목집단법만으로도 팀 구성원들의 다양한 아이디어를 도출할 수 있다. 여기서 제시하는 기법들은 팀 구성원들이 어떤 규칙에 따라 명목집단법을 활용할 것인가에 대한 구체적인 전략이라 할 수 있다.

　한편, Knieβ(1995)에 따르면 팀원들이 아이디어를 도출할 때 [그림 4-1]처럼 처음에는 팀원들의 아이디어가 지속적으로 증가하지만, 내용에 익숙

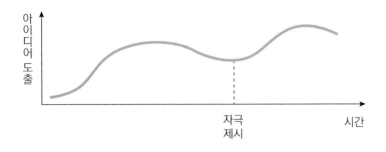

그림 4-1 ─ 시간 경과에 따른 팀 내에서의 아이디어 도출 정도의 변화

출처: Knie β (1995).

해 질수록 아이디어는 감소한다. 그러나 팀을 이끄는 리더가 팀원들에게 새로운 자극을 제시하면 2차 아이디어 도출이 이루어질 수 있다고 하였다.

다음에서 제시하는 브레인스토밍, 브레인라이팅, 랜덤 워드, 디딤돌(생각의 피자판) 그리고 이미지 활용 아이디어 도출 기법들을 활용한다면 과제 해결을 위한 다양한 아이디어를 도출할 수 있을 것이다.

1) 브레인스토밍

브레인스토밍(brainstorming)은 1930년 Osborn이 제안한 창의적인 아이디어를 생산하기 위한 학습도구이자 회의 기법으로, 3인 이상이 모여 하나의 주제에 대해서 자유롭게 의견을 제시하는 기법이다(Osborn, 1963). 브레인스토밍은 아이디어를 생성하는 여러 활동들 중 가장 기본적인 기법으로, 두뇌를 뜻하는 'brain'과 폭풍을 뜻하는 'storm'의 결합으로 이루어져 '머릿속에서 새로운 생각들이 폭풍처럼 일어난다'는 의미다.

브레인스토밍은 집단 사고를 가능하게 하며 풍부한 아이디어 리스트를 얻을 수 있기 때문에 아이디어 생성을 위해 등장한 다른 도구들에 비해 자주 그리고 쉽게 사용된다. 아이디어 제시는 구두로 할 수 있지만, 각자의 생각을 글이나 그림으로 써서 제시하면(명목집단법) 효율적으로 아이디어를 모을 수 있다. 브레인스토밍 기법은 일반적으로 다음의 경우에 사용할 수 있다.

- 특정한 문제에 대한 근본 원인을 모두 찾아보려 할 때
- 문제에 대한 해결책을 찾아보려 할 때
- 개선 활동을 추진하려고 할 때
- 프로젝트의 실행을 위한 계획을 세울 때
- 제품이나 서비스에 대한 개선 방안을 모색하려 할 때
- 아이디어를 도출하기 위해 팀원 전체를 참여시키려고 할 때

Kelly와 Littman(2001)은 좋은 브레인스토밍을 위한 일곱 가지 전략과 브레인스토밍을 망치는 여섯 가지 방법을 제시하였다. 〈표 4-2〉에서 보여 주듯이, 팀원들이 브레인스토밍을 할 때는 무엇에 대한 것인지 주제와 목적을 명확히 하고, 교수자나 내용을 잘 아는 사람이 먼저 주도적으로 아이디어를 제시하는 것이 아니라 모든 사람이 자유롭게 이야기하고, 제시된

표 4-2 ▸ 브레인스토밍 성과에 영향을 주는 전략과 방법

좋은 브레인스토밍을 위한 일곱 가지 전략	브레인스토밍을 망치는 여섯 가지 방법
① 초점을 명확히 한다.	① 사장이 가장 먼저 이야기한다.
② 아이디어 도출을 돕는 규칙을 만든다.	② 모든 사람이 돌아가면서 이야기한다.
③ 아이디어에 번호를 매긴다.	③ 전문가만 이야기한다.
④ 아이디어를 '구축하고' 때로는 '뛰어넘는다'	④ 특별한 장소에서 이야기한다(브레인스토밍을 위해 워크숍 가기 등).
⑤ 공간기억력이 발휘되도록 아이디어를 사방에 기록한다.	⑤ 엉뚱한 이야기는 하지 않는다(진지한 내용만 이야기하기).
⑥ 필요한 경우 두뇌 활동을 위한 워밍업 시간을 갖는다.	⑥ 모든 내용을 다 기록한다.
⑦ 아이디어를 시각화한다.	

아이디어를 모두가 볼 수 있도록 게시하고, 가능하다면 스케치하거나 유목화하여 마인드 맵, 도형, 그래픽으로 시각화해 보는 것이 바람직하다.

2) 브레인라이팅

브레인라이팅(brain writing)은 1968년에 Rohrbach에 의해 개발된 집단 창의성 기법이다. 6-3-5법칙 또는 635법칙이라고 불리는 브레인라이팅은 브레인스토밍 기법이 변형된 것으로, 아이디어의 질보다는 양을 중요하게 생각한다. 브레인라이팅을 활용하면 6명이 참가했을 때 30분 동안 108개의 새로운 아이디어를 도출할 수 있다(Rohrbach, 1969; Schröer, Kain, & Lindemann, 2010).

브레인라이팅은 [그림 4-2]와 같이 A4나 A3 용지에 의견을 적을 수 있는 종이카드나 포스트잇을 붙인 후, 먼저 각자 5분 동안 3개의 아이디어를 작성하고 옆 사람에게 전달한다. 30분 동안 총 6개의 종이에 3개의 아이디어를 작성하므로 한 명이 18개의 아이디어를 작성하는 것이다. 6장에 작성된 아이디어를 모두 모으면 108개의 아이디어가 된다. 그러나 브레인라이팅을 꼭 635법칙에 따라 해야 하는 것은 아니다. 참가하는 팀원 수, 활용 가능한 회의 시간을 고려하여 A4 또는 A3 용지에 8~12장 정도의 포스트잇을 붙여서 사용할 수도 있고, 더 많은 아이디어 도출을 위해 한 사람이 제시해야 하는 아이디어의 개수를 늘릴 수도 있다. 브레인라이팅은 다른 사람이 작성한 아이디어를 보고 새로운 아이디어를 도출하기 때문에 아이디어 릴레이라고도 불린다.

수집된 아이디어는 팀별로 수집·정리하는 방법, 참가자가 직접 부착하는 방법 등, 상황에 따라 다양한 방법으로 유사한 것끼리 모아 분류할 수 있다. 이를 '아이디어 유목화'라고 한다([그림 4-3] 참조). 분류 기준에 의해

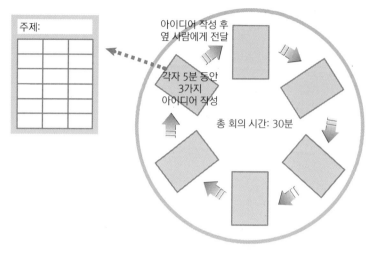

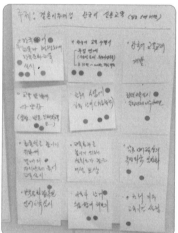

그림 4-2 — Rohrbach가 제안한 브레인라이팅 운영 방법과 포스트잇을 활용한 운영 사례

모든 아이디어를 부착·게시하면 진행자는 유사한 아이디어들을 포괄하는 키워드를 적어 제일 위에 붙인다. 이때 진행자가 키워드를 도출하여 적을 수도 있지만 가능하면 참가자들의 의견을 반영하여 키워드를 정하는 것이 바람직하다. 키워드를 적은 포스트잇은 [그림 4-3]처럼 마름모 모양이 되도록 45° 회전하여 붙이면 하위 내용들과 구분되어 시각적으로 명료해지

는 효과가 있다. 또한 팀원들이 사용한 것과 다른 색깔의 포스트잇을 사용하면 키워드와 의견을 구분하는 시각적 효과를 줄 수 있다. 내용을 정리한 다음 전체 참가자에게 추가할 의견이 있는지 묻고, 만일 추가할 의견이 있다면 의견을 추가로 기록하여 부착한다. 도출된 아이디어 중 몇 가지를 선택해야 할 경우에는 아이디어들을 모두 정리한 후 투표용 스티커를 이용하여 중요하다고 생각되는 것에 투표하게 한다.

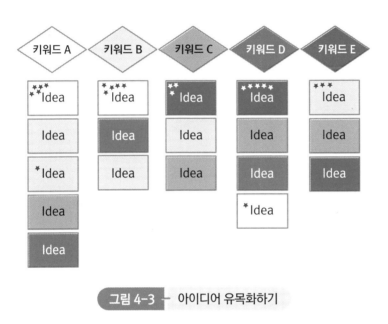

그림 4-3 ─ 아이디어 유목화하기

브레인라이팅을 활용하면 다음과 같은 이점을 얻을 수 있다.

• 과제해결에 대한 참신한 아이디어를 발굴할 수 있다.
• 언변과 발표력이 부족하여 침묵하고 있는 다수의 의견을 이끌어 낼 수 있다.
• 참가자의 다양한 견해를 가감 없이, 신속하게 모두 게시판에 집합·전시할 수 있다.

- 작성 내용의 익명성 보장으로, 회의에서 말로 표현하기 어려운 사항 등 조직 내의 감추어진 의견이 활발하게 제시될 수 있다.
- 참가자의 관심을 토의 과정에 지속적으로 집중시킬 수 있다.
- 토의 결과물을 보존·전시하여 교육 자료로 활용할 수 있다.

3) 랜덤 워드

랜덤 워드(random word)는 주제와 무관한 단어를 자극으로 활용하는 강제연상법이다. 진행 방법은 다음과 같다.

① 주제와 무관한 하나의 단어를 선택한다.
② 이 단어를 가운데 쓴 후, 그 둘레에 그 단어의 특성을 15개 내외로 쓴다.
③ 각 특성들과 주제를 강제로 연관시켜서 아이디어를 낸다([그림 4-4] 참조).

반드시 무작위로 단어를 선택해야 하고, 주제와 무관하며, 참가자들이 일상생활에서 흔히 쓰는 익숙한 단어를 활용한다. 아이디어를 내는 과정에서 적절한 아이디어가 더 이상 안 나오면 다른 단어로 바꾼다.

그림 4-4 ― 랜덤 워드 사례(1)[2]

아이디어를 작성할 때 포스트잇을 활용하면 [그림 4-5]와 같이 도출된 아이디어를 분류 · 정리 · 선택하는 데 용이하다.

그림 4-5 ― 랜덤 워드 사례(2)

─────────────────────

2 (사)행복한 교육실천모임 소속 교사들이 작성한 것이다.

4) 디딤돌(생각의 피자판[3])

디딤돌은 강제연상법의 하나로 랜덤 워드를 조금 더 재미있게 진행할 수 있는 방법이다. 디딤돌은 다음과 같은 순서로 진행한다([그림 4-6] 참조).

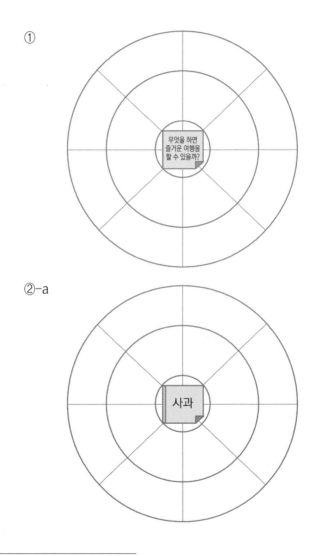

①

②-a

---

3 교사들에게 디딤돌을 소개했을 때 한 초등학교 교사가 '생각의 피자판'이라는 새로운 이름을 붙여 주었다.

②-b

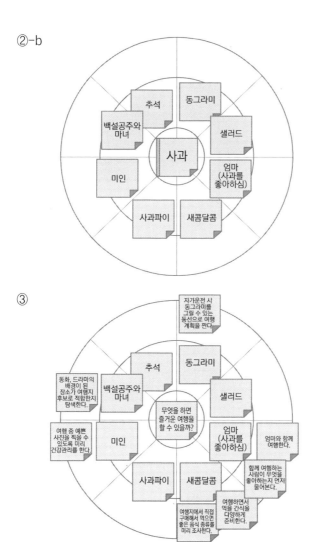

③

④
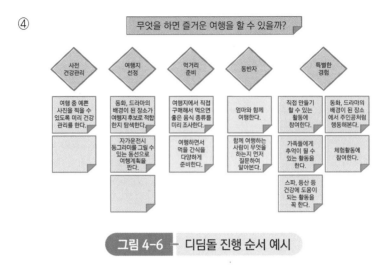

그림 4-6 ─ 디딤돌 진행 순서 예시

(1) 아이디어 도출을 위한 질문 작성하기

먼저 아이디어 도출이 필요한 주제를 질문의 형태로 작성한다. 질문은 'What Question+연결/결합/유추'의 형태를 갖도록 작성한다. 즉, '무엇을 하면 ~을/를 해결할 수 있을까?'다. 예를 들면, '무엇을 하면 기말 과제를 기간 내에 끝낼 수 있을까?' '무엇을 하면 학생 생활지도를 효과적으로 할 수 있을까?' 등이다. [그림 4-5]처럼 포스트잇 등에 아이디어 도출을 위한 질문을 작성하여 원 안에 붙인 후 즉흥적으로 떠오르는 단어를 써 질문 위에 붙인다.

(2) 다양한 디딤돌 단어 만들기

가장 안쪽 동그라미 안에 작성한 '사과'와 같은 단어를 중심으로, 떠오르는 다양한 대상(고객, 친구, CEO, 누나, 오빠)과 물건(특정 물건의 속성, 기능, 특징들) 등을 자유롭게 작성하여 가운데 동그라미의 8개 칸에 나누어 쓴다.

(3) 다음 칸에 연결/결합한 아이디어 붙이기

디딤돌이 되어 줄 단어가 완성되면 다시 원래의 질문이 보이도록 단어를 제거한 후, "(디딤돌)을 연결/결합하면 무엇을 할 수 있는가?"를 질문하며 본래의 질문에 대한 아이디어를 작성해 본다. 도출된 아이디어들이 만족스럽지 않거나 충분하지 않으면 디딤돌이 될 대상, 물건을 교체하여 추가 아이디어를 더 도출하고, 결합된 아이디어를 평가 · 개선하여 적절한 것을 선택한다.

(4) 도출된 아이디어 정리하기

먼저 아이디어를 도출하는 데 도움을 준 디딤돌 단어들을 떼어 낸다. 질문을 적은 포스트잇을 전지의 가장 위에 붙인 후, 도출된 아이디어를 분류, 정리한다. 이 때 유사한 내용은 아래로, 다른 내용은 옆으로 붙이면 자연스럽게 아이디어들이 분류 · 정리된다. 이후에는 내용을 대표할 수 있는 키워드를 다른 종이에 기입하여 붙인다.

 디딤돌 ⇨ 유목화

디딤돌을 활용하여 다양한 아이디어를 도출한 후 유목화하면 도출된 아이디어의 주요 특성을 파악할 수 있어 의사결정에 도움이 된다.

다음은 '무엇을 하면 교사와 학생이 의사소통을 잘 할 수 있을까?'란 질문을 가지고 디딤돌로 아이디어를 도출한 후 도출된 아이디어만 떼어 내어 다시 유목화한 것이다.[4] 아이디어를 유목화한 결과, 대화 주제 제시, 학생 이해, 사고력 신장, 표현력 신장이라는 핵심 주제를 도출하였다. 팀원들은 도출된 핵심 주제를 중심으로 과제해결 방안을 고민하게 된다.

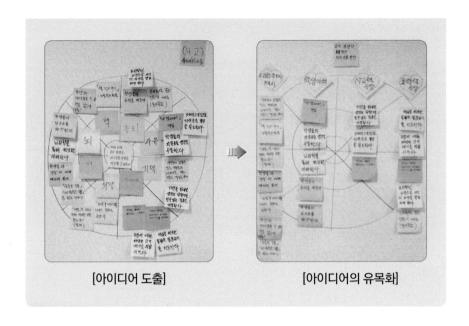

[아이디어 도출]　　　　　[아이디어의 유목화]

5) 이미지 활용 아이디어 도출

그림은 예로부터 창의성 개발 및 측정을 위한 유용한 방법으로 활용되었다. 그림을 이용하여 아이디어를 도출하는 방법에는 그림을 보여주고 생각 이야기하기, 자신의 생각을 그림으로 표현하기, 그림 완성하기 등이 있다. 특별한 준비 없이도 랜덤 워드나 디딤돌처럼 그림을 활용하여 아이디어를 도출할 수 있는데, 어떤 그림을 그리게 한 후 그림의 구성요소들이 갖는 특성을 이용하여 아이디어를 도출하는 것이다. 예를 들면 자신이 좋아하는 동물을 그린 후 이를 활용할 수 있다. 동물 이외에도 사람, 좋아하는 사물, 식물, 도형 등을 그릴 수도 있다. 다음은 사람들의 오감을 이용하여 창의적인 아이디어를 도출하는 방법이다.

---

4 제시된 사례는 2012년 8월 '서울시 수업컨설턴트 양성과정' 연수에 참석한 초등학교 교사들이 작성한 것이다.

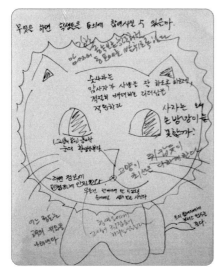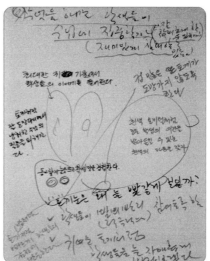

그림 4-7 — 동물그림을 활용한 아이디어 도출 사례

① 자신의 아이디어 기술문을 작성한다.

② A4, A3, B4 등 다양한 크기의 종이 위에 남자 또는 여자를 한 명 그린다. 종이 하나에 한 명의 사람만 그리며, 눈, 코, 입, 귀, 손, 발 등을 모두 묘사한다.

③ 종이 위에 아이디어 도출이 필요한 질문을 적는다.

④ 사람의 오감 또는 기관이 가지고 있는 특성을 활용하여 아이디어를 도출한다.

- 이상적인 상태를 상상한다.
- 기관별 특성을 활용한다.
- 집단이 함께할 경우 종이를 교환하며 내용 적기를 반복한다.
- 도출된 아이디어를 평가, 수정, 선택한다.

2   의사결정 도구

여러 대안이나 아이디어들 중 적절한 것을 선택하기 위해서는 이들을 평가하거나 분석해야 한다. 이를 위한 의사결정에 필요한 도구로는 의사결정 그리드, PMI, 평가행렬법 등이 사용될 수 있다.

1) 의사결정 그리드

팀원들이 의사결정을 해야 하는 상황은 많다. 여러 의견들 중 한 개를 선택해야 할 때 명목집단법으로 의견을 도출한 후 투표(multi-voting)를 할 수도 있지만, 의사결정 기준을 정하고 그에 따라 아이디어나 의견을 선택할 수도 있다.

의사결정 그리드(decision grid)는 자기 팀의 의사결정 기준을 정한 후 이를 토대로 논의하여 최종 의견을 결정하는 것으로, 다음과 같은 기준을 마련할 수 있다.

'빈도 × 강도'

'중요도 × 긴급도'

'기대 효과 × 실행 용이성' 등

⋮

이러한 기준을 마련한 후 이를 두 축으로 하여 〈표 4-3〉에 삽입된 그림에 위치를 표기하여 의사결정에 활용한다.

표 4-3 의사결정의 방법: 의사결정 그리드

① 의사결정 기준을 정한다. 의사결정 기준은 명목집단법을 활용하거나 논의를 통해 정한다.

② 의사결정 그리드의 X축과 Y축에 결정된 두 기준을 기입한다.

③ 팀 구성원들이 제출한 아이디어들 또는 선택해야 하는 아이디어들 각각에 대해 충분히 논의한 후 의사결정 그리드 위의 해당 위치에 붙인다.

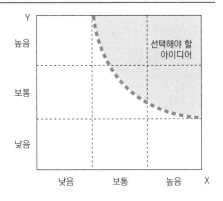

④ 두 기준에 대해 가장 높은 점수를 받은 의견 또는 아이디어를 선택한다. 이때 모든 의견 또는 아이디어들이 점선 밖에 위치하면 어느 것도 선택하지 않고, 다른 아이디어를 도출하도록 한다.

2) PMI

PMI란 좋은 점, 나쁜 점, 흥미로운 점을 찾아서 발상의 줄기를 만들어 가는 기법이다. PMI는 plus(좋은 점, 좋아하는 이유, 긍정적 측면), minus(나쁜 점, 싫어하는 이유, 부정적 측면) 그리고 interesting(흥미로운 점)의 첫 글자의 조합으로, 어떤 아이디어나 제안에 대해 다양한 측면(긍정적, 부정적, 흥미로운 측면)에서 고려한 후 의사결정을 하게 하는 것이다.

PMI를 활용하여 아이디어를 평가하면 제안된 아이디어에 대해 좋거나 나쁘다는 평가 이외에 지나치기 쉬운 아이디어의 흥미로운 부분까지 생각해 볼 수 있는 장점이 있다. 흥미로운 점(I)에서 찾아낸 재미있는 부분으로 또다시 새로운 아이디어를 도출할 수 있기 때문이다.

PMI 진행 순서는 다음과 같다.

PMI 진행 순서 및 예시

① PMI의 의미를 집단 구성원들에게 설명한다.

② 도출된 아이디어를 확인한다.

③ 각각의 아이디어에 대해 좋은 점(P), 나쁜 점(M) 및 흥미로운 점(I)을 각각 적는다.

아이디어: 팀 학습도구를 스마트폰용 어플로 개발한다.	
좋은 점(P)	• 팀 학습 시 편리하게 팀 학습도구를 사용할 수 있다. • 의견 공유가 쉽다.
나쁜 점(M)	• 화면이 작아 함께 보는 것이 불편하다. • 이미 개발해 놓은 프로그램이 많다.
흥미로운 점(I)	• 팀 학습도구를 진정한 도구로 편리하고 자주 사용할 수 있도록 하는 재미있는 아이디어다. • 스마트폰을 학습이나 과제를 위해 자연스럽게 사용하도록 하는 시대의 요구에 맞는 흥미로운 아이디어다.

※ 이때, P를 고려할 때에는 P에만 집중(M, I는 마음에 두지 않음)한다. 즉, 각각의 항목을 작성할 때 간섭이 일어나지 않도록 한다.

④ 작성된 각 아이디어에 대한 PMI 내용을 논의하거나 투표하여 아이디어를 선택한다.

3) 평가행렬법

평가행렬법(evaluation matrix)은 제안된 아이디어들을 미리 정해 놓은 준거에 따라 평가하는 방법이다. 평가행렬법을 활용하여 아이디어들을 평가하기 위해서는 미리 준거를 마련해 놓아야 하는데, 평가 준거는 이미 개발된 것을 활용할 수도 있고, 명목집단법 등의 방법으로 팀원들의 의견을 모아 개발할 수도 있다.

평가 준거가 마련되었다면 평가하려는 아이디어들을 세로축에 나열하고 평가 준거를 가로축에 적어 행렬표를 만든 후, 각 준거를 기초로 도출된 아이디어를 평가한다. 평가행렬법은 모든 아이디어를 체계적으로 평가할 수 있는 반면, 시간과 노력이 많이 필요하다는 단점이 있다.

평가행렬법의 진행 순서는 다음과 같다.

 평가행렬법 진행 순서 및 예시

① 평가행렬표를 준비한다.

② 아이디어나 준거를 순서에 상관없이 아이디어는 왼쪽에, 준거는 윗부분에 나열한다.

③ 행렬표를 완성한다.
 – 평정 척도에 따라 점수를 부여한다.
 – 평정 척도 예: A(10점), B(8점), C(6점), D(4점), E(2점)

④ 결과를 해석한다.
 – 행렬표의 결과는 아이디어의 강점과 약점을 확인하는 데만 사용한다.
 – 어떤 준거에서는 점수가 낮은데 어떤 준거에서는 높은 점수로 평가되었다면, 그 아이디어를 다듬어 발전시킬 방안을 연구해야 한다.

주제: 과제를 미리 시작하여 정해진 시간 전에 완성하는 방법

준거 아이디어	실천 가능성	학습 효과	생활 환경	총점
과제를 수행하는 데 어느 정도의 시간이 소요될 것인지 미리 예상해 본다.				
과제에 대해 상의할 수 있는 학습팀을 만든다.				
매일매일 'Things to do'를 작성하여 체크한다.				
과제해결 시간을 확보한다.				

과제를 수행하기 위해 무엇을 공부할지 로직트리*를 작성하여 결정한다.			

* p. 113 참조.

3 과제해결 도구

과제를 해결하기 위해서는 일련의 논리적이고 체계적인 과제해결 과정을 거쳐야 하며, 적절한 도구나 방법을 활용해야 한다. 과제해결을 돕기 위해 다양한 도구와 절차를 활용할 수 있는데, 가장 바람직한 것은 이미 하나의 도구나 절차로 만들어진 것에 맞추어 과제를 해결하기보다는 과제의 성격에 부합한 과제해결 과정과 도구를 설계하여 활용하는 것이다. 그러나 이미 많은 이들이 활용하고 있는 도구를 사용하는 것도 편리하고 재미있다.

여기서는 과제해결 도구로 블랭크 차트, 로직트리, 실타래 기법을 소개할 것이다. 이 도구들은 액션러닝을 위해 고안된 것이 아니라 이미 많은 기업이나 학교에서 과제해결을 위해 널리 활용되고 있는 것이다. 세 도구는 각기 독특한 특성을 가지고 있다. 우리가 해야 할 일은 각 도구의 특성을 파악한 후 해결하고자 하는 과제의 특성에 부합한 것을 선택하여 사용하는 것이다.

1) 블랭크 차트

블랭크 차트(blank chart)는 글자 그대로 '빈칸이 있는 차트'를 말하며, 개인 혹은 집단이 체계적으로 과제해결 계획을 수립하고 실행할 수 있도록 돕는 도구다. 과제해결을 위해 블랭크 차트를 활용한다는 것은 최종 결과물의 목차 및 표현 방법을 대략적인 이미지로 먼저 작성한 후, 이를 완성하기 위한 조사 및 학습 계획을 수립하고 계획에 따라 자료를 수집·분석하여 최종 결과물을 완성하는 일련의 과정이 이루어진다는 것이다. 블랭크 차트를 작성하면 최종 결과물에 대한 대략적인 이미지와 순서 및 구조를 파악할 수 있어서 과제를 전체적인 안목으로 파악하여 무엇을 조사할 것인지 계획할 수 있다. 과제해결의 시작 단계에서 과제해결의 마지막 단계인 최종결과물을 고려하는 것이 쉬운 일은 아니지만, 체계적으로 과제를 해결할 수 있게 하는 매우 유용한 방법이다.

블랭크 차트는 '차트'라는 특성을 가지고 있으므로 액션러닝 과제의 최종 결과물이 '보고서'의 형태일 경우 활용하면 유용하다. 최종 결과물을 대략적인 이미지로 작성하는 과정은 두 가지의 장점이 있다. 첫째, 최종 결과물을 체계적으로 구성하게 한다. 최종 결과물에 포함되어야 할 내용이 무엇인지 구성하는 과정에서 그것이 갖추어야 할 구조를 파악할 수 있는 것이다. 즉, 과제해결의 초기 단계에서 '숲을 보지 못하고 나무만 보는 오류'를 예방할 수 있다. 둘째, 과제에 대한 창의적·논리적 접근을 가능케 한다. 블랭크 차트를 통해 하나의 주제를 어떻게 표현할 것인가 고민하는 과정에서 이러한 접근이 이루어지는 것이다. 예를 들어 '학습부진의 원인'이라는 주제를 블랭크 차트로 작성해야 한다면, 먼저 이 주제를 가장 잘 표현하는 방법이 무엇일까 고민하게 되고 이는 필요한 자료를 어떤 방법으로 수집, 분석해야 하는가로 이어지게 된다. 여러 고민들의 결과로 하나의 차트를 작성하는데, 그 과정에서 과제에 대한 심도 있는 사고가 이루어지게 된다.

일반적으로 블랭크 차트는 프레젠테이션을 위한 결과물을 염두에 두고 작성되기 때문에 [그림 4-8]과 같이 한 개의 슬라이드 안에 차트의 제목, 그 차트에서 표현하고자 하는 구체적인 내용을 표현한 '대략적 이미지', 그리고 필요한 경우 내용을 요약한 헤드 메시지(head message)로 구성된다. 내용을 표현할 때는 각종 그래프(막대그래프, 원 그래프, 꺾은선 그래프 등), 차트, 도표, 삽화, 사진, 동영상, 음성 파일 등 파워포인트나 유사한 기능을 가진 소프트웨어를 사용하여 표현 가능한 것이 모두 활용될 수 있다.

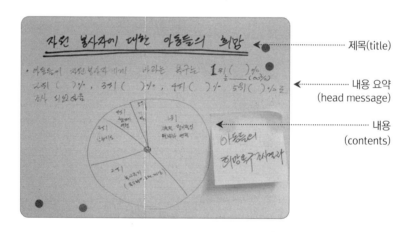

제목(title)

내용 요약
(head message)

내용
(contents)

그림 4-8 ― **블랭크 차트의 구성 사례**

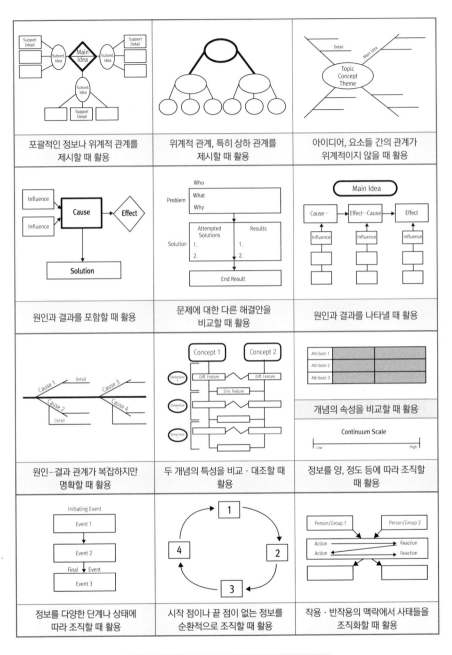

포괄적인 정보나 위계적 관계를 제시할 때 활용	위계적 관계, 특히 상하 관계를 제시할 때 활용	아이디어, 요소들 간의 관계가 위계적이지 않을 때 활용
원인과 결과를 포함할 때 활용	문제에 대한 다른 해결안을 비교할 때 활용	원인과 결과를 나타낼 때 활용
원인–결과 관계가 복잡하지만 명확할 때 활용	두 개념의 특성을 비교·대조할 때 활용	정보를 양, 정도 등에 따라 조직할 때 활용
정보를 다양한 단계나 상태에 따라 조직할 때 활용	시작 점이나 끝 점이 없는 정보를 순환적으로 조직할 때 활용	작용·반작용의 맥락에서 사태들을 조직화할 때 활용

그림 4-9 — 다양한 그래픽 조직자 예시

출처: Hall & Strangman (2002).

[그림 4-9]에 제시된 여러 유형의 그래픽 조직자들(Hall & Strangman, 2002)은 블랭크 차트의 내용을 표현하는 방법이 될 수 있다. Hall과 Strangman (2002)은 특히 학습자들이 자신들의 학습내용을 그래프 조직자로 표현할 때, 시각적 사고를 촉진하여 지식의 구성 과정을 도와준다고 강조하였다. 블랭크 차트는 그래픽 조직자와는 달리 [그림 4-10]에 제시된 것처럼 제시하고자 하는 내용이나 정보의 특성을 고려하여 표현할 수 있는 이미지를 제

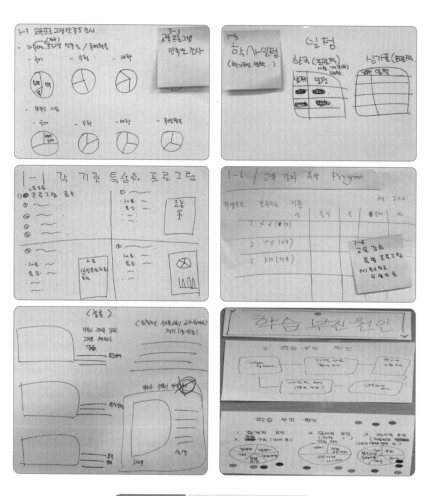

그림 4-10 ┃ 블랭크 차트 작성 사례

시하는 것이지만, 그 과정에서도 학습자들의 시각적 사고가 이루어질 수 있다. 작성된 블랭크 차트는 [그림 4-10]과 같이 다양한 형태가 될 수 있고, 그 형태는 학습자 스스로 결정하며, 정보의 구성 방법에 대해 학습자들이 서로의 의견을 주고받을 수 있다.

블랭크 차트를 작성하기 위해서는 과제의 최종 결과물을 어떤 내용과 순서로 구성할 것인지에 대한 결정이 선행되어야 한다. 이를 위해 개인 혹은 팀 구성원이 의견을 제시할 때 명목집단법을 활용한다.

블랭크 차트는 다음과 같은 순서로 작성한다. 첫째, 해결해야 하는 과제의 최종 결과물에 포함되어야 한다고 생각하는 아이디어를 도출한다. 이 때 개인 혹은 팀원들은 자신의 생각을 말로 표현하기보다는 명목집단법을 활용하여 포스트잇이나 메모지에 자신의 아이디어를 적되, 규칙에 따라 한 장에는 한 개의 아이디어만 적는다. 팀장 또는 사회자는 팀원들이 적절한 개수의 아이디어를 제시할 수 있도록 "아이디어를 세 가지씩 작성해 주세요."와 같이 구체적인 개수를 정하여 요청할 수도 있다. 그러나 시간이 허락한다면 다양한 경험과 선행지식을 가진 팀원들이 되도록 많은 아이디어를 제시하여 그 중 적절한 것을 선택, 활용할 수 있도록 한다.

둘째, 작성된 다양한 아이디어들을 팀원들이 상의하여 논리적으로 배열한다. 팀원들이 제안한 아이디어들은 중복되거나, 논리적으로 대치되거나, 그 범위가 미시적인 것부터 거시적인 것까지 매우 다양할 수 있다. 따라서 제시된 아이디어를 모두 선택하는 것이 아니라 팀원들이 충분히 논의하여 필요한 것을 선택한 후 이를 적절히 배열해야 한다.

셋째, 최종 선정된 아이디어들을 팀원들이 나누어 각각 블랭크 차트로 작성한다([그림 4-11] 참조). 최종 결과물을 구성하는 데 적절하다고 판단된 아이디어들을 어떻게 표현하는 것이 가장 적절한지 고민하는 단계다. 제시해야 하는 내용의 특성에 따라 어떤 것은 개조식으로, 어떤 것은 막대 그래프나 원 그래프로, 어떤 것은 사진으로 표현하는 것이 적절하기 때문이다. 이때 내용의 표현 방법에 따라 수집해야 하는 자료와 수집 방법이 달라진다. 따라서 내용의 표현 방법을 선택할 때는 과제의 성격, 최종 결과물의 성격 등을 고려해야 한다.

넷째, 작성된 블랭크 차트를 다시 아이디어들을 배열했던 순서대로 배열한 후 '블랭크' 부분을 채우기 위해 학습팀이 무엇을 할 것인지 도출한다. 팀원들이 작성한 블랭크 차트를 순서에 따라 배열한 후 블랭크 차트에 제시된 내용 표현 방법을 함께 점검한다. 이때 전체적으로 중복되는 내용이 있는지, 순서를 조정해야 하는 것이 있는지, 내용 표현이 수정되어야 하는 것이 있는지에 대해 서로 의견을 교환한다. 팀원들의 의견을 반영하여 블랭크 차트의 순서 및 표현 방법 등이 결정되면, 블랭크 차트의 빈 부분을 채워 최종 결과물을 완성하기 위해 필요한 학습내용을 도출한다.

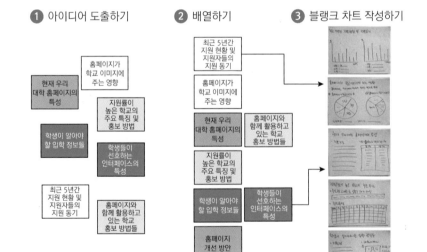

그림 4-11 ― 블랭크 차트 작성하기 사례 1(아이디어 도출부터 블랭크 차트 작성하기까지)

다섯째, 도출된 학습내용을 누가 어떻게 학습할 것인지 역할을 분담한다([그림 4-12] 참조). 이때 조사방법 및 학습방법에 대해서 팀원 모두가 의견을 제시하는 것이 바람직하다.

여섯째, 자신이 맡은 부분에 대해서 개별적으로 조사 및 학습활동을 한다.

일곱째, 학습과 조사 내용을 토대로 블랭크 차트의 빈 공간을 모두 채워 차트를 작성한다.

여덟째, 팀원들이 작성한 차트를 원래의 순서대로 배열한 후, 최종 결과물을 완성하기 위한 논의를 한다. 이때 추가로 보완되어야 할 부분이 있는지 확인하고 추가적인 학습계획을 수립하여 과제 결과물을 보완·완성한다.

❹ 블랭크 차트 배열과 역할 분담하기

블랭크 차트	이 블랭크 차트의 완성을 위해 학습팀이 수행해야 할 세부 행동	담당자	마감 시한
	홈페이지에 대한 학생들의 인식 입학을 위해 필요한 정보 인터페이스의 종류 ……	장경원 이진석 김영희 ……	다음 주 금요일 목요일 저녁

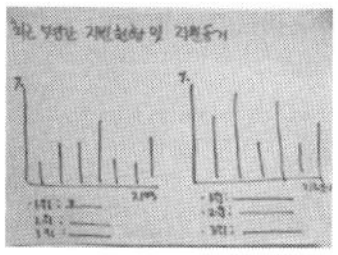

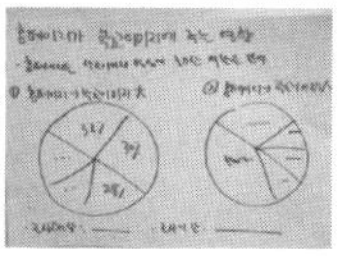

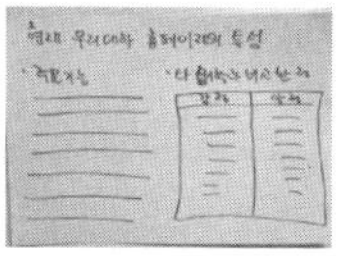

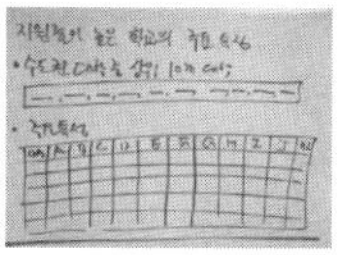

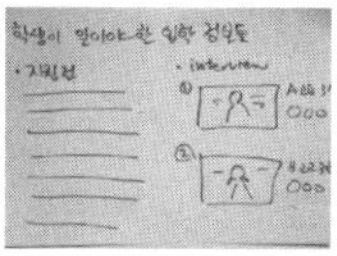

그림 4-12 — 블랭크 차트 작성하기 사례 2(작성된 블랭크 차트 배열하기부터 역할 분담하기까지)

이처럼 블랭크 차트는 간단하지만 과제해결의 처음 단계에서 체계적으로 과제해결 계획을 세울 수 있도록 돕는 도구로, 과제를 전체적으로 파악하여 해결 계획을 수립할 수 있다는 장점을 갖고 있다. 그래서 블랭크 차트의 기원인 맥킨지 컨설팅사뿐만 아니라 많은 기업에서 과제해결 도구로 활용하고 있다(장경원, 2011). 블랭크 차트를 활용하여 과제를 수행한 경험이 있는 한 학생은 다음과 같이 자신의 경험을 이야기하였다(장경원, 2011).

> "블랭크 차트를 작성하기 위해 먼저 어떤 내용이 들어가야 할 것인지 의견을 제시할 때 놀랐습니다. 예전엔 모두들 의견 내는 데 소극적이었는데, 포스트잇에 자신의 의견을 쓰라고 하니 다들 아이디어가 많았어요. 그것이 매우 놀랍고 신기했으며, 또 제시된 아이디어들을 배열하는 과정에서 팀원들이 서로의 의견을 공유할 때 재미있고 정말 프로젝트를 하고 있다는 생각이 들었습니다."

> "블랭크 차트를 그려서 벽에 붙여놓았을 때 정말 성취감이 생겼습니다. 이제 시작단계인데 과제를 다 했다는 생각이 들었습니다. 물론 그 빈칸들을 채우기 위해 자료를 찾는 것이 어려웠지만, 막연히 이 책 저 책을 들여다보는 것이 아니라 무엇을 해야 할 것인지 알고 자료를 찾아보니 훨씬 효율적이었던 것 같습니다. 그리고 역할 분담 때도 블랭크 차트를 똑같이 분배해서 나눠가졌기 때문에 공평하게 역할 분담을 잘 할 수 있었습니다. 다른 수업에서도 이 방법을 활용하여 과제를 수행하고 싶습니다."

〈표 4-4〉는 대학생들의 체험학습 프로그램에서 블랭크 차트를 활용한 예다(장경원, 박수정, 2011).

표 4-4 블랭크 차트를 활용한 체험학습 프로그램 사례

시기		주요 활동	주요어
체험 학습 전	준비 모임1	• 팀 빌딩, 연수일정 안내	팀 빌딩 팀 과제 사전 활동
	준비 모임2	• 팀별 과제 선정(NGT, 의사결정 그리드 활용) • 과제해결을 위한 실행계획(학습계획) 수립 (Blank Chart 활용)	
	준비 모임3	• 1차 개별 학습결과 공유 • 체험학습 시 활용할 질문 개발 및 공유	

체험
학습
	싱가폴
	교육기관
	탐방
	(4일)
		• 기관 방문 전 팀 모임: 매일 아침 교육기관 방문 전
		  방문기관에서 조사할 내용 및 질문 확인, 역할 분담
		• 교육기관 방문: 유치원, 공·사립 중고등학교, 사립
		  대학 등 방문
		• 기관 방문 후 팀 모임: 방문한 기관에 대해 조사한
		  내용 공유, 성찰 내용 작성 및 공유
			체험 활동
			성찰

체험 학습 후	성찰 모임	• 최종 결과물 작성에 대한 논의 및 성찰	팀 활동 사후 활동
	최종 발표	• 교내 타 연수팀과 함께 최종 발표회	

출처: 장경원, 박수정(2011).

그림 4-13 ━ 블랭크 차트 작성 후 팀원들이 함께 논의하는 모습

〈표 4-4〉의 내용을 요약하면 블랭크 차트를 활용하여 과제를 해결할 때
는 크게 사전 모임, 자료 수집 및 연구 활동, 사후 모임 등의 세 단계의 활

동이 이루어짐을 알 수 있다. 단계별 주요 활동은 〈표 4-5〉와 같다.

표 4-5 블랭크 차트 활용 시 과제 수행 단계와 단계별 주요 활동

단계	주요 활동
1단계 (사전 모임)	• 팀원들이 현재 갖고 있는 지식, 정보, 경험을 토대로 논의하여 최종 결과물에 대한 블랭크 차트 작성 • 블랭크 차트를 완성하기 위해 필요한 학습과제 도출 • 자료 수집 및 연구 활동 계획 및 역할 분담
2단계 (자료 수집 및 연구 활동)	• 개인 및 소그룹별 자료 수집 및 연구 활동 • 수집된 자료를 토대로 '채워진 블랭크 차트' 작성
3단계 (사후 모임)	• '채워진 블랭크 차트'에 대한 검토 및 논의 • 최종 결과물 완성을 위한 보완 사항 도출 및 수정 • (필요한 경우 2차 자료 수집 및 연구 활동을 거쳐) 최종 결과물 완성

블랭크 차트를 과제해결 프로세스에서 활용하면 모든 팀원들이 역할을 공평하게 분담할 수 있고, 전체적이고 명확한 결과물 이미지를 형성한 후 조사 및 연구 활동을 할 수 있어 매우 효율적인 과제해결이 이루어질 수 있다.

2) 로직트리

과제 수행을 위해 필요한 역량 중의 하나는 큰 그림과 구조를 파악하는 것이다. 로직트리(logic tree)는 이를 가능하게 해 주는 도구다. 로직트리란 주요한 이슈를 'MECE'의 사고방식에 기초해서 논리적으로 상위의 개념을 하위의 개념으로 분해해 가는 기술이다. MECE란 전체를 여러 개의 묶음으로 나누어 파악하는 사고법으로, M은 mutually(상호 간에), E는 exclusive(중복되지 않고), C는 collectively(전체로서) 그리고 E는 exhaustive(누락 없이)의 약자다(Rasiel, 1999; Rasiel & Friga, 2001). 한편, 로직트리와 같은 작업

을 흔히 상위 단계에서 하위 단계로의 'Break down' 또는 'Drill down'이라고
도 한다.

모든 문제나 과제는 덩어리가 크고 서로 간에 뒤엉켜 있어서 그 자체로
는 문제를 해결하기가 매우 어렵다. 따라서 문제를 개별 업무나 작은 크기
의 업무로 쪼개 놓아야 이를 해결해 나갈 수 있다. 일단 개별 업무로 분해
되면 자신이 할 것인지 다른 사람이 할 것인지 역할 분담도 가능하다. 또
한, 이 일을 지금 할 것인지 나중에 해도 될 것인지도 판단할 수 있다. 즉,
실행의 우선순위를 정할 수 있다(이호철, 2009).

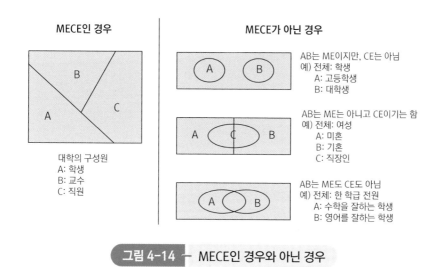

그림 4-14 — MECE인 경우와 아닌 경우

출처: Rasiel (1999); Rasiel & Friga (2001).

로직트리가 효과적이기 위해서는 개념을 분류할 때 반드시 MECE가 잘
지켜져야 한다. MECE에 대한 이해를 돕기 위해 [그림 4-14]를 살펴보면,
MECE가 잘 이루어진 경우란 상위 개념을 설명하는 하위 개념이 전체를 포
함하되 중복이나 누락 없이 모두 포함된 것임을 알 수 있다.

로직트리를 그릴 때 종이는 가로로 길게 놓고 [그림 4-15]와 같이 상부

단위에서 하부 단위로 전개한다. 이슈에 들어갈 내용은 초기 질문으로 자신이 스스로에게 질문하는 과정이다. 이슈는 무엇을 해야 할 것인지를 명확히 하기 위하여 질문형으로 작성하는 것이 좋다. 분해 시 하부 단위는 2~4개 정도로 전개한다. 5개 이상은 복잡하므로 가급적 피한다. 1차 전개에서 반드시 MECE가 되도록 분해해야 한다. 1차 전개부터 MECE가 되지 않으면 논리의 설득력이 떨어진다. 2차 전개 또한 최대한 MECE가 되게 하고, 3차 전개부터는 MECE가 되면 좋겠지만 안 되더라도 무방하다(이호철, 2009).

그림 4-15 ― 로직트리의 기본 골격

출처: 이호철(2009).

어떤 이슈에 대해서 [그림 4-15]와 같이 체계적으로 하부 단위를 전개하는 것은 이론적으로는 가능하다. 그러나 우리는 많은 경우 해결해야 할 과제가 어떤 구조를 가지고 있는지 파악하지 못하고 있다. 따라서 [그림 4-15]는 완성된 로직트리의 모습이지 1, 2, 3차 전개가 로직트리를 그리는 순서라고는 할 수 없다. 오히려 앞서 언급한 명목집단법을 활용하여 3차 전개에 해당하는 이슈에 대한 아이디어들을 도출한 후 이들을 유사한 것끼리 유목화하여 2차 전개에 해당하는 내용을 도출하고, 다시 1차 전개에 해당하는 상위 개념을 도출하는 것이 보다 효율적으로 로직트리를 작성하는 방법이 될 것이다. 따라서 과제에 대한 사전 정보 및 이해 정도에 따라 로직트리는 상위 단계에서 하위 단계로 정리할 수도 있고, 하위 단계에서 상위 단계의 순서로 정리할 수도 있다.

  로직트리는 그 목적에 따라 What Tree, Why Tree, How Tree로 나뉜다. 첫째, What Tree는 과제의 전체 구성요소를 알아보거나 체크리스트를 작성할 때 사용한다. 이때의 초기 질문은 보통 '……구성요소는?' '체크리스트는?' 등의 형태로 쓴다. 둘째, Why Tree는 과제나 문제의 원인이나 이유를 찾을 때 사용한다. 이때의 초기 질문은 '……이/가 안 되는 이유는?' '……이/가 나쁜 이유는?' 등으로 쓴다. 셋째, How Tree는 과제나 문제에 대해서 해결안이나 대안을 찾을 때 사용한다. 초기 질문은 '……을/를 해결하기 위해서는?' '……을/를 높이기 위해서는?' 등으로 쓴다(이호철, 2009).

표 4-6 로직트리 종류별 활용 가능한 주제들

What Tree	How Tree	Why Tree
• 동아리 활동의 종류 • 봉사 활동의 종류 • 수업의 주요 특성 • 우리 주변의 환경 문제 • 우리가 지켜야 할 예절 • 재활용쓰레기의 종류 • 리더십이 요구되는 상황 • 연령별 필독서 목록 • A를 구현하기 위해 필요한 하위 기능들	• 친구를 사귀는 방법 • 공부를 재미있게 하는 방법 • 가족과 사이가 좋아지는 방법 • 부모님과 친해지는 방법 • 친환경 농산물 소비 촉진 전략 • 몸짱 만들기	• 왕따가 발생하는 이유 • 학교에 쓰레기가 많아진 이유 • 지각이 줄지 않는 이유 • 학교폭력이 줄지 않는 원인 • 여자친구와 자꾸 싸우는 이유 • 과제를 미리미리 하지 않고 급하게 하는 이유

〈표 4-6〉은 주제에 따라 활용 가능한 로직트리의 유형을 구분하여 제시한 것이다. 〈표 4-6〉에 제시된 것처럼 What Tree는 구조나 체크리스트를 찾는 경우처럼 구성요인을 도출하고자 할 때 활용할 수 있다. How Tree는 과제에 대한 해결책을 도출하고자 할 때 활용할 수 있으며, Why Tree는 과제에 대한 원인을 탐색할 때 활용할 수 있다. 그런데 어떠한 과제를 해결할 때는 구성요인을 도출한 후 이에 대한 방안을 탐색할 수도 있고, 구성요인에 대한 원인을 파악해야 할 때도 있다. 따라서 필요에 따라 What Tree와 How Tree를 함께 활용하거나 What Tree와 Why Tree를 함께 활용할수 있다.

〈표 4-6〉에 제시된 것 중 '학교에 쓰레기가 많아진 이유'를 예로 들어보자. 이 주제는 아마도 학교에 쓰레기가 많아져 매우 지저분해진 학교가 제시한 것으로, 과제명은 '학교의 쓰레기를 줄이자' 정도가 될 것이다. 이 과제를 해결하는 과정에서 로직트리를 활용한다면 먼저 학교의 쓰레기 현황이 어떠한지 파악하는 What Tree를 작성한 후, 쓰레기가 발생하는 근본 원인을 탐색하는 Why Tree를 작성할 수 있다. 또는 학교의 쓰레기 현황이 어떠한지 파악하는 What Tree를 작성한 후 바로 어떻게 쓰레기를 줄일 것인지 방법을 탐색하는 How Tree를 작성할 수도 있을 것이다. 과제를 해결하기 위해 필요한 정보나 아이디어가 무엇이냐에 따라 로직트리의 유형을 자유롭게 선택하고 연결하여 활용할 수 있다.

로직트리의 이점은 크게 두 가지로 나누어 볼 수 있다. 첫째, 논리적 사고력이 증진된다. 로직트리는 복잡한 것을 체계적이고 간결한 구조로 정리하여 상대에게 전달할 수 있기 때문에 이해가 쉽고 오랜 기간 기억될 수 있는 장점이 있다. 둘째, 과제해결력의 향상이다. 과제의 모든 모습이 정리되어 보이기 때문에 전체 모습을 쉽게 파악할 수 있고, 요소 간의 관계성도 명확해지며, 우선순위 판단이 용이하다.

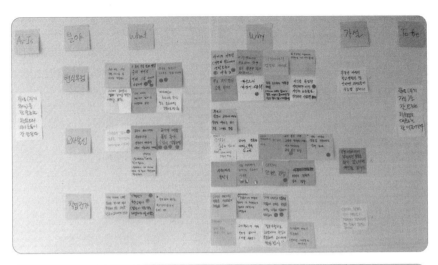

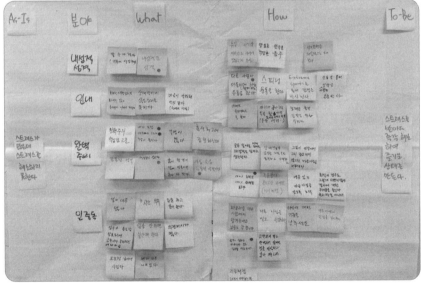

그림 4-16 ← 로직트리 작성 사례

로직트리 작성 방법(What Tree와 Why Tree 활용 경우)

로직트리를 그릴 큰 종이의 상단에 먼저 'As-Is, 분야, What, Why, 가설, To-be'를 적는다. 로직트리를 그릴 준비가 되면 다음의 순서로 작성한다.

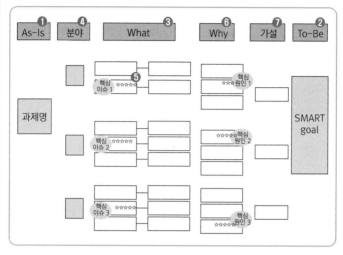

❶ 해결해야 할 과제명을 작성하여 'As-Is' 아래에 놓는다.

❷ 과제가 해결되었을 때의 바람직한 상태, 즉 구체적인 목표(SMART goal)를 작성하여 'To-be' 아래에 놓는다.

❸ 현재 과제의 상태와 바람직한 상태 간의 차이(gap)가 나타나는 것에 대해 명목집단법을 실시하여 되도록 많은 의견을 'What' 아래에 열거한다.

❹ 제시된 의견을 분류한 후 각 항목을 대표할 수 있는 제목을 붙인다('분야'를 설정한다).

❺ 제시된 모든 의견들을 대상으로 멀티 보팅(multi-voting)을 실시하여, 핵심 이슈를 선택한다.

❻ 핵심 이슈에 대한 원인을 집중 분석한다. 이때 작성된 원인들 가운데 핵심 원인(root cause)을 멀티 보팅을 통해 도출한다. 또한 제안된 원인들 중 통제 불가능하다고 판단되는 원인을 기각한다.

❼ 핵심 원인을 중심으로 가설을 쓴다. 이 가설은 확인 또는 검증 과정을 거친 후, 대안을 도출하는 기초가 된다.

로직트리에 대한 소개만으로는 학습자들이 로직트리를 쉽게 이해하기 어려울 것이다. 따라서 학습자가 이 과정을 직접 경험할 수 있도록 하는 것이 큰 도움이 된다. 하나의 과제에 대해 이 과정을 한 번 연습하게 되면, 학습자는 분명하게 로직트리를 이해할 수 있게 되며 자신감을 갖게 될 것이다.

연습을 위한 액션러닝 경험은 쉽고 재미있는 과제를 활용한다. 꼭 교과목의 내용을 다룰 필요는 없고, 학습자가 잘 알고 있는 영역의 기초적인 내용이나 흥미 있는 주제면 좋다.

연습문제를 함께 해결하는 경험은 학습자에게 액션러닝 과정을 학습하는 것뿐만 아니라 의견을 제시하는 방법, 다른 사람의 의견에 대한 자신의 생각을 표현하는 방법, 서로 의견을 수렴하는 방법 등을 학습하고 다른 학습자와의 자연스러운 친밀감을 형성할 수 있는 기회가 된다.

[그림 4-17]은 '과제를 미리미리 하지 못하고 늘 과제 제출 전날 과제를 시작하는 문제'를 해결하기 위해 학생들이 작성한 로직트리다. 학생들은 앞에서 제시된 로직트리 작성 순서에 따라 자신들의 현재 문제를 제시하고, 이 문제가 해결되었을 때의 바람직한 상태를 기술하였다. 이후 현재의 문제에 대한 상황을 작성하고, 이 중 핵심이 되는 사항에 대해 'Why' 단계에서 그러한 현상이 나타나게 된 근본 원인이 무엇인지 도출하였다. 도출된 원인 중 긴급하며 해결 가능하다고 판단되는 원인을 선택하여 이를 중심으로 가설을 도출할 수도 있을 것이다.

[그림 4-18]은 기초설계 과목에서 수행할 수 있는 과제의 하나인 '대학생의 팀 학습을 도와줄 수 있는 어플리케이션의 개발'에 대한 로직트리 사례다. [그림 4-18]에 제시된 사례는 [그림 4-17]의 사례와 달리 과제해결이 아닌 개발을 위한 로직트리를 작성한 것이기 때문에, 현상에 대한 원인을 찾는 것이 아니라 현상을 어떻게 해결할 것인지에 대한 'How'를 찾는 과정을 수행하였다(장경원, 이은정, 배상원, 2013).

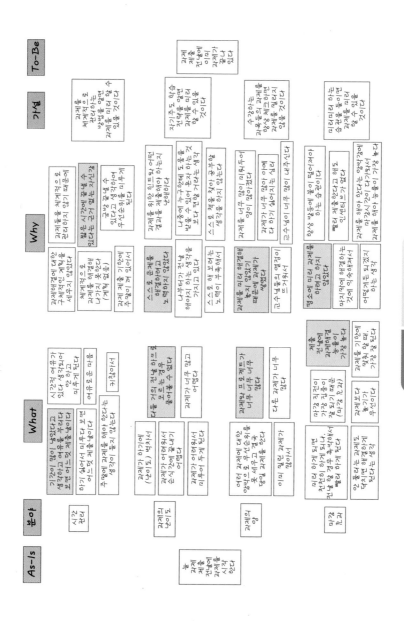

그림 4-17　로직트리 사례(1)

* 음영 표시된 것은 멀티 보팅 결과 가장 중요한 것으로 선정된 것이다.
출처: 장경원, 이은정, 배상원(2013).

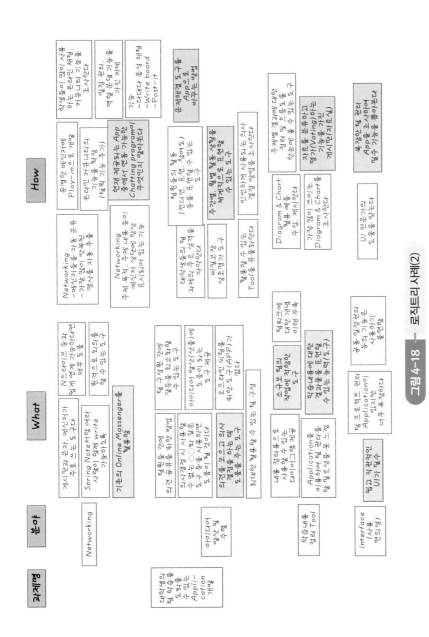

그림 4-18 로직트리 사례(2)

* 음영 표시된 것은 멀티 보팅 절차 결과 가장 중요한 것으로 선정된 것이다.
출처: 장경원, 이은정, 배상원(2013).

3) 실타래 기법

실타래 기법(thread technique)은 듀폰(DuPont) 사의 과제해결 도구로서, 해결해야 할 이슈와 관련하여 구성원들의 직간접적인 성공 경험과 실패 경험을 모아, 그 경험들로부터 구체적인 실행계획을 수립하는 것이다.

실타래 기법은 여러 사람의 경험을 활용한다는 것과 실행계획을 수립할 때 장애요인을 고려한다는 특성을 갖는다. 경험은 과제를 해결하는 데 매우 유용한 참고자료가 된다. 따라서 다양한 사람들이 가지고 있는 경험을 수집·분석하여 과제해결의 이상적 목표를 수립하는 것은 체계적·논리적인 문제해결 활동이라 할 수 있다. 또한 이상적 목표 수립 후 이를 위해 해야 할 일을 바로 계획하는 것이 아니라 발생할 수 있는 장애요인을 미리 고려하는 것은 실행과정에서 나타날 수 있는 오류를 줄일 수 있는 신중한 의사결정 활동이라 할 수 있다.

실타래 기법의 구조는 [그림 4-19]처럼 모양이 실타래 모양과 같으며, 포스트잇을 활용하여 팀 구성원들이 함께 논의하며 작업을 했을 때 [그림 4-20]과 같은 모습으로 완성된다. [그림 4-20]에 제시된 것처럼 이상적 목표와 실행계획은 여러 개가 될 수 있다.

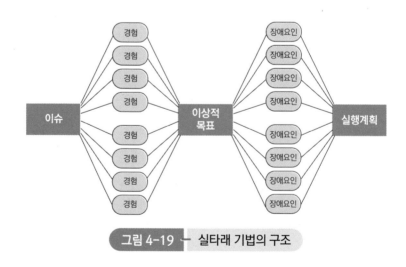

그림 4-19 ─ 실타래 기법의 구조

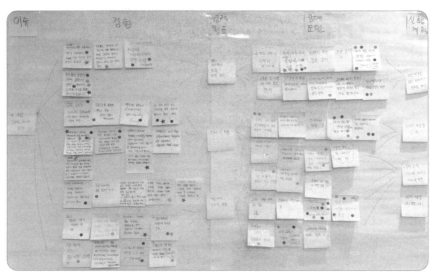

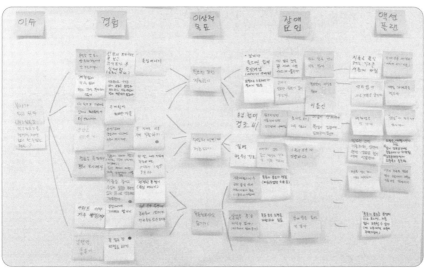

그림 4-20 － 실타래 기법 작성 사례

실타래 기법은 여러 사람의 경험이 과제해결을 위한 중요한 자료가 되는
경우 활용할 수 있다. 〈표 4-7〉은 실타래 기법을 활용하기 좋은 과제의
예다.

표 4-7 실타래 기법을 활용하기 좋은 과제들

과목	과제명	산출물
과학	우리 팀 전기 사용량 10% 줄이기	전기 사용량을 줄이기 위한 전략 및 이를 실천한 결과
체육	건강하고 멋진 몸짱 만들기	팀원 모두가 건강한 상태가 된 증거 자료(근육량, 체중 등의 변화 결과) 및 성찰 내용
기술, 가정	부모님과 의사소통 잘 하기	부모님과 의사소통을 잘 하기 위해 무엇을 했으며 그것을 실천한 결과
	음식물쓰레기 줄이기	음식물쓰레기를 줄이기 위한 전략 및 이를 실천한 결과
	일회용품 사용 줄이기	일회용품 사용을 줄이기 위한 전략 및 이를 실천한 결과
창의적 체험활동	스스로 공부할 수 있다	공부전략과 스스로 공부한 후의 결과
사회	현장체험 학습 코스 만들기	현장체험 코스 및 홍보물, 현장체험 운영 결과
도덕	웃어른을 공경하는 어린이 되기	웃어른을 공경하기 위해 했던 일과 그것을 실천한 결과

실타래 기법의 작성 방법은 다음과 같다.

① 해결해야 할 이슈를 적는다.

② 이슈와 관련해서 직간접적으로 성공한 경험과 실패한 경험을 포스트 잇 한 장에 한 사례씩 구체적으로 적는다. 이때 경험의 결과도 함께 제시한다. 예를 들어, 액션러닝 수업에 학생들을 적극적으로 참여시키기 위해 학생 개개인에게 관심을 기울였다면, '개개인에게 관심'이라고 적기보다는 '학생 개개인에게 관심을 보였더니, 학생들이 수업에 적극적으로 참여하였다'와 같이 작성한다.

③ 제시된 경험들을 토대로 팀 구성원들의 논의를 거쳐 이상적 목표를

수립한다.

④ 이상적 목표를 달성하는 데 겪을 수 있는 장애요인들을 적는다.

⑤ 도출된 장애요인들을 고려하여 이상적 목표를 달성하기 위해 필요한 실행계획을 수립한다.

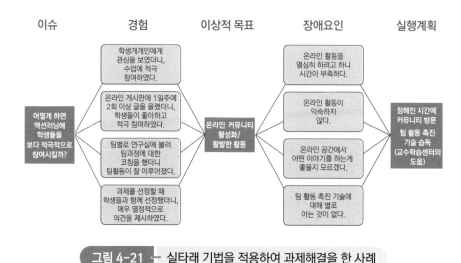

그림 4-21 ├ 실타래 기법을 적용하여 과제해결을 한 사례

실타래 기법을 활용하여 실행계획이 수립되면 이를 위한 구체적인 활동 계획이 수립된다. 이때 필요한 자료는 〈표 4-8〉과 같이 계획하여 조사한다.

표 4-8 자료 수집 계획표 양식

실행계획	필요한 자료들	조사 방법	담당자	기한

4 자료 수집 및 정리 양식

과제를 해결하기 위해서는 다양한 조사 및 학습이 이루어져야 한다. 블랭크 차트와 로직트리가 무엇을 조사하고 학습할 것인가를 결정하는 데 도움을 주는 것이라면, 다음에 제시된 여러 유형의 양식은 수집한 자료를 체계적으로 정리하는 데 도움을 주는 것이다.

1) 인터뷰 활동 계획

자료 수집을 위한 방법 중 보편적으로 많이 이루어지는 것이 인터뷰 및 관찰을 위한 현장방문이다. 그러나 계획 없이 방문할 경우 정작 가장 필요했던 자료를 빠뜨리게 되는 경우가 발생할 수 있으므로, 방문 전에 필요한 정보와 자료가 무엇인지 살펴보고 이를 수집할 수 있는 방법과 질문에 대해 계획해야 한다. 이때 미리 계획된 질문을 이메일 등을 이용하여 먼저 보낸 후 방문한다면, 효율적·효과적인 자료 수집이 이루어질 수 있다.

일시	년 월 일 ( )요일 : ~ :	
방문 대상		
방문 목적		
No.	질문을 통해 얻고자 하는 정보	질문

2) 인터뷰 결과 보고

현장방문을 통해 수집된 자료는 방대하기 마련이다. 따라서 방문 목적과 과제에 대한 시사점을 중심으로 요약·정리하여 팀원들과 공유해야 한다.

No.	질문	답변 내용 요약	시사점

인터뷰 활동 계획 및 활동 결과 보고 양식 활용 사례

1) 인터뷰 활동 계획

일　시	2013년 8월 2일(10:00~11:00)
방문 대상	전지원 집(전지원 어머니와 아버지)
방문 목적	에너지 절약을 위한 실천 사례 수집

No.	질문을 통해 얻고자 하는 정보	질문들
1	계절별, 월별 에너지 사용량	• 지난 1년간 전기 사용량은 어느 정도입니까? • 에너지를 특별히 많이 사용한 달은 언제이며, 그 이유는 무엇입니까?

2	에너지 절약을 위한 구체적인 노력들	• 에너지 절약을 위해 하고 계신 노력을 이야기 해 주세요. • 에너지 절약을 위한 노력 중 실천이 어려운 것과 쉬운 것은 무엇입니까? 그 이유는 무엇입니까?
3	에너지 절약의 결과 (증빙자료 또는 사례)	• 에너지 절약을 위한 행동들이 어떠한 결과로 나타났습니까? • 가족들의 반응은 어땠나요? (구체적으로)
4	에너지 절약을 통해 배우고 느낀 점	• 에너지 절약을 위한 실천을 하면서 무엇을 배 우고 느끼셨나요? • 앞으로의 실천 계획은 무엇입니까?

2) 인터뷰 활동 결과 보고

No.	질문	답변 내용 요약	시사점
1	• 지난 1년간 전기 사 용량은 어느 정도입 니까? • 에너지를 특별히 많 이 사용한 달은 언 제이며, 그 이유는 무엇입니까?	• 약 000KW • 8월과 9월이며, 이 상기온으로 여름이 길어지고 너무 더워 서 에어컨을 많이 사용하게 됨	여름철 에너지 절약을 위한 구체적인 방법을 찾는 것이 필요함
2	• 에너지 절약을 위해 하고 계신 노력을 이야기해 주세요. • 에너지 절약을 위한 노력 중 실천이 어 려운 것과 쉬운 것 은 무엇입니까? 그 이유는 무엇입니까?	• 에어컨은 가족들이 모두 모였을 때 사 용하기 • 거실보다는 에어컨 이 설치된 작은 방 에 모여 TV를 보며 잠들기 • 실천이 쉬운 것: 방 에 불 끄기 • 실천이 어려운 것: 냉장고 자주 안 열 기, 작은 등 켜고 생 활하기	생활 속 에너지 절약 실천 행동에 소모되는 에너지 양을 제시하는 것이 필요함

3	• 에너지 절약을 위한 행동들이 어떠한 결과로 나타났습니까? • 가족들의 반응은 어땠나요? (구체적으로)	• 가족들이 서로 지키지 못한 행동을 보완해 주게 되고, 에너지 절약과 관련하여 가족 간에 자주 대화함 • 가족들의 반응: 처음에는 귀찮아했지만, 즐겁게 실천하고 있고, 보람을 느낌	생활 속 에너지 절약 실천 행동을 통해 가족 간의 정이 돈독해지는 계기가 될 수 있도록 이벤트를 만드는 것도 좋을 것 같음
4	• 에너지 절약을 위한 실천을 하면서 무엇을 배우고 느끼셨나요? • 앞으로의 실천 계획은 무엇입니까?	• 기억하고 실천하고자 하는 의지가 행동으로 이어짐 • 우리 가족의 실천 행동을 이웃, 친척들에게도 알려 모두 실천할 수 있도록 할 것임	한 가족의 실천이 다른 가족, 나아가 보다 큰 집단의 실천으로 이어질 수 있음

3) 문헌연구 계획

공식적 · 비공식적, 학문적 · 비학문적 문헌 모두가 연구 대상이 될 수 있다. 이러한 방대한 문헌을 무턱대고 탐색하기보다는, 조사 목적과 얻고자 하는 결과를 구체화하면 어떠한 성격의 문헌을 탐색해야 할지 명확해질 수 있다.

No.	조사를 통해 얻고자 하는 정보	조사 대상 문헌

인터넷을 활용하면 필요한 자료를 손쉽고 빠르게 검색하고 찾을 수 있다. 컴퓨터를 이용하여 자료를 검색할 때 도움이 되는 주요 사이트와 제공되는 자료의 특징을 요약하면 〈표 4-9〉와 같다.

표 4-9 인터넷을 이용한 문헌 검색

기관명(웹사이트)	특징
한국교육학술정보원(KERIS) http://riss4u.net	• 국내 1,100개 학회 및 대학 부설 연구소 발행 학술지에 수록된 논문 64만 건의 원문 및 해외 학술지에 수록된 논문 1,500만 건 검색 가능 • 국내 100여 개 대학도서관 수여 석사·박사 학위논문 20만 건 및 내국인의 해외 취득 박사 학위논문 2만 건의 원문 제공 • 국내 420여 개 대학/전문도서관이 소장하고 있는 단행본 및 비도서자료 620만 건(CD-ROM, 비디오 등) • 국내 학술지 35,000여 종과 해외 학술지 67,000여 종의 검색 및 권호별 소장정보 확인
국가전자도서관 http://www.dlibrary.go.kr	• 참여 기관의 데이터베이스 검색 및 원문 제공 (2012년 현재 참여기관: 국립중앙도서관, 국회도서관, 법원도서관, 한국과학기술원 과학도서관, 한국과학기술정보연구원, 한국교육학술정보원, 농촌진흥청 농업과학도서관, 국가지식포털, 국방전자도서관) • 국내외 도서관, 유관 기관, 국제기구들의 웹사이트 링크
국회도서관 http://nanet.go.kr	• 석사·박사 학위, 국내학술잡지, 세미나 자료, 정기간행물 원문 데이터베이스 구축 • 단행본, 국내 정부간행물, 신문 검색 목록과 외국 학술잡지 색인 제공
DBPIA http://www.dbpia.co.kr	• 인문/사회/어문/경제·경영/교육/신학/법학·행정/의학/예체능/공학/자연과학 등 11개 분야의 학회, 협회 및 출판사에서 발행하는 600여 종의 정기간행물을 창간호부터 최근호까지 데이터베이스화
한국학술정보(주) http://kiss.kstudy.com	• 80만 편의 국내학술지, 대학간행물, 연구논문집 제공
학지사 학술논문원문서비스 http://www.newnonmun.com	• 어문학, 인문과학 분야, 사회과학 분야, 교육 분야, 기타 분야의 국내 학위, 학술논문 검색과 원문 제공 • 국내외 기관과 학교 도서관 홈페이지 검색 사이트 링크

Institute of Education Sciences e-Subscribe http://eric.ed.gov/	• ERIC에 수록된 자료 중 1993년부터 2004년 7월까지의 자료 원문 무료 제공 • 1993년 이전 자료는 비용 지불 후 제공
EBSCOhost Electronic Journals Service http://ejournals.ebsco.com	• 전 분야 8개 컨소시엄 저널에 대한 통합 검색과 원문 제공
DIALOG http://dialog.krinfo.com	• 전 세계의 도서관, 학회, 데이터베이스 등을 연결하여 자료 검색 및 원문 제공
Library of Congress http://leweb.iec.gov	• 미국 국회도서관
Google 학술검색 http://scholar.google.co.kr/	• Google에서 2004년 11월에 선보인 학술자료에 특화된 검색 서비스로 인터넷으로 제공되는 e-book과 e-journal에 실린 학술자료 검색 가능

출처: 성태제, 시기자(2006).

4) 문헌연구 결과

문헌연구 결과는 팀 구성원들과 공유해야 한다. 따라서 구성원들이 쉽게 이해할 수 있도록 요약·정리한다.

No.	출처	주요 내용	시사점

문헌연구 계획 및 활동 결과 보고 양식 활용 사례

1) 문헌연구 계획

No.	조사를 통해 얻고자 하는 정보	조사 대상 문헌
1	• 가정에서 사용하는 에너지	교과서 www.ausgrid.com.au/save
2	• 가정에서 지킬 수 있는 에너지 절약 방법	교과서 에너지 절약에 대한 신문기사들
3	•	
4	•	

2) 문헌연구 결과 보고

No.	출처	주요 내용	시사점
1	www.ausgrid.com.au/save	가정에서 사용하는 에너지 사용 비율 - 생활가전 4%, 대기전력 6%, 냉난방 22%, 냉장고 7%, 주방기기 9%, 조명 9%, 온수 37%, 세탁, 건조 3%, 기타 3%	에너지 절약을 위해 어떤 행동을 해야 할 것인지 구체적인 안내 제시
2			
3			

5 과제해결을 위한 토의 운영

액션러닝에서 팀원들이 함께 과제를 해결하기 위해서는 팀 토의가 많이 이루어진다. 이때 계획 없이 회의를 진행할 경우, 시간과 에너지가 지나치게 소모될 수 있다. 따라서 미리 토의 진행 순서를 정한 후에 토의를 진행하는 것이 바람직하다.

토의 진행 순서는 목적에 따라 달라지지만, 일반적으로 ① 토의 주제 및 목적 제시, ② 주제에 대한 의견 제시 및 공유, ③ 의사결정, ④ 토의 내용에 대한 정리, ⑤ 다음 토의 계획 그리고 ⑥ 성찰로 진행할 수 있다. 이때 토의에 참석하는 팀원들이 적극적으로 참여할 준비가 안 되어 있거나 토의에 새롭게 참여하는 사람이 있는 등, 토의 분위기가 어색할 때는 간단한 자기 소개나 토의 내용과 관련된 아이스 브레이크 등을 먼저 할 수도 있다.

표 4-10 토의 진행 순서 예시

사례	토의 주제	토의 진행 순서
1	수업 운영의 어려움	14:00~14:10 인사 및 진행 순서 소개 14:10~14:40 내 수업의 강점(잘한 점) 14:40~15:20 수업의 어려운 점/개선이 필요한 점 15:20~15:30 주요 이슈 도출 15:40~16:20 이슈 해결을 위한 우수 사례 공유 16:20~16:50 향후 실천 사항 결정 및 질의 응답 16:50~17:00 성찰
2	학습내용 공유 및 향후 학습·조사내용 결정	11:00~11:05 아이스 브레이크 11:05~11:20 개별 조사 내용 발표 11:20~11:40 피드백 및 논의 11:40~11:55 역할 분담 11:55~12:00 차기 미팅 계획 12:00~12:05 성찰

토의를 진행하는 사회자는 토의에 참석한 구성원들 모두가 토의의 목적과 진행, 시간 배정 등을 함께 결정할 수 있도록 토의를 운영한다. 이때 각자 자유롭게 이야기해도 좋고, 사회자가 미리 작성해 온 토의 진행 순서를 중심으로 토의 운영을 상의해도 좋다.

토의 진행 순서를 결정할 때에는 얻고자 하는 구체적 결과물에 대한 목적을 명확히 하고, 논리적으로 그 결과를 도출할 절차를 결정한 다음, 그 절차의 각 단계에 소요될 시간을 배분한다. 성찰에는 전체 토의 시간의 약 10% 정도를 할애한다.

토의 진행 순서를 작성한 후에는 그에 따라 토의를 진행하는 데 도움이 될 수 있는 전체 틀을 그리면 도움이 된다. 예를 들면, '수업 운영의 어려움을 해결'해야 하는 경우 〈표 4-11〉과 같은 표를 작성할 수 있다. 〈표 4-11〉은 수업 운영의 어려움을 해결할 때 어려움을 먼저 이야기하기보다는 수업에서 잘한 점을 먼저 이야기하여 긍정적인 분위기를 형성한 후, 어려운 점이나 개선이 필요한 점을 이야기하는 것이 좋겠다는 토의 기획자의 의도가 반영된 것이다. 또한 어려운 점에 대해 사회자 혹은 전문가가 일방적으로 개선방법을 제시하는 것이 아니라, 토의에 참석한 사람들이 서로에게 해결 방법을 제안하는 것이 좋은 과제해결 방법이 될 것이라는 가정도 포함되어 있다. 이처럼 토의 운영계획은 과제를 어떻게 접근해서 해결할 것인가에 대한 논리가 반영된 것이라 할 수 있으며, [그림 4-22]는 토의 진행 순서에 따라 토의를 운영한 결과다. 이는 곧 과제해결 프로세스를 설계하는 것이라 할 수 있다.

표 4-11 토의 진행 순서가 반영된 토의양식 예시

토의 주제: 수업 운영의 어려움 해결					
영역	잘한 점	개선이 필요한 점/어려운 점		이슈	해결 전략
내용 구성			→ →		
도입			→ →		
전개			→		
마무리					

그림 4-22 ─ 토의 진행 순서에 따라 토의를 운영한 사례

[그림 4-22]에 제시된 '수업 운영의 어려움 해결'은 실제로 다음과 같이 진행되었다.

① '자신이 수행한 수업의 잘한 점'을 세 가지씩 포스트잇에 작성한 후 해당 영역에 붙인다.

② 각자 쓴 내용을 발표하고 공유한다.

③ (본 사례는 미리 내용 구성, 도입, 전개, 마무리로 영역을 구분하였지만, 사
전에 미리 영역을 구분하지 않은 경우는 작성한 내용을 유사한 것끼리 분류
한 후 유목화하여 영역을 구분한다.)

④ 이제 '수업 운영 시 개선이 필요한 점이나 어려웠던 점'을 포스트잇에
쓴 후, 해당 유형에 붙인다.

⑤ 각자 쓴 내용을 발표하고 공유한다.

⑥ 각자 가장 어렵거나 중요하다고 생각하는 의견에 투표를 한 후, 가장
중요한 이슈를 도출한다.

⑦ 사회자가 중요 이슈를 다시 작성하여 붙인다.

⑧ 각 이슈별로 자신이 직접 경험했거나 알고 있는 해결 전략을 포스트
잇에 써서 붙인다.

⑨ 각자 쓴 내용을 발표하고 공유한다.

⑩ 각자 실행할 수 있는 해결 전략을 선택하여 실행계획을 수립한다.

인간관계관리론 수업 사례

이 수업에서는 이성에게 좋은 친구가 되기 위한 방법에 대해 학습하고자
했다. 이를 위해서 남녀 간에 서로 이해해야 할 점에 대해 알아보고 이를
기초로 실행계획을 세워 실천하도록 했다.

[그림 4-23]에서 보듯이, 간단한 토의 양식에 따라 다음과 같이 진행하
였다.

① 남학생은 여자에 대해, 여학생은 남자에 대해 '이럴 땐 어떻게? 또는 알
고 싶은 점'을 두 개씩 쓴다.

② 남학생과 여학생들은 각각 가장 중요하다고 생각되는 질문에 투표를 한
후 7개를 선별한다.

③ 선별된 내용에 대해 남학생과 여학생들은 교차하여 서로의 질문에 대해 답을 쓴다.

④ 학생들은 상대편이 쓴 내용들을 본 후, 자신이 실행할 계획을 세 개 정도 쓴다.

⑤ 남학생과 여학생이 짝을 이룬 후 서로의 실행계획에 대해 점검해 준다.

그림 4-23 ─ 토의 진행 순서에 따라 토의를 운영한 사례

앞서도 밝혔지만, 토의를 어떻게 진행할지 계획을 세우는 것은 곧 과제 해결 프로세스를 설계하는 것이라 할 수 있다. 주제와 관련하여 어떤 논리로 토의를 진행할 것인지 충분히 생각하여 토의 진행 순서와 토의 양식을 만든다면, 토의 과정에서 과제해결 방안이 도출될 수도 있다. 따라서 과제 해결을 위해서는 앞서 제시한 블랭크 차트나 로직트리가 아닌, 잘 짜여진 토의 진행 순서와 양식이 필요한 경우도 있음을 꼭 기억해야 한다.

5장

액션러닝 수업 설계

　액션러닝뿐만 아니라 수업을 하기 전에는 반드시 수업 설계를 해야 한다. 수업 설계란 수업에서 이루어질 교육 프로그램을 일관성 있고 신뢰할 수 있게 개발하기 위한 체계적인 과정이다. 수업 설계의 과정에는 수업에서 다룰 내용과 참여할 학습자들의 특성을 토대로 학습목표를 구체적으로 수립하고, 수립된 학습목표에 도달하기에 가장 적절한 교수 내용 및 방법을 설계하고, 학생들이 학습목표에 도달했는지 확인하는 평가를 설계하는 것이 포함된다. 이 장에서는 액션러닝으로 수업하기 원하는 교수자가 사전에 설계해야 하는 내용 및 방법과 설계한 내용을 학생들에게 제시하는 수업계획서 작성에 대해서 알아보고자 한다.

1 　학습목표 수립

　　액션러닝 방식으로 수업한다는 것은 학생들에게 적극적이고 주도적인
활동을 통해 경험하게 하고, 경험한 것을 자신의 것으로 만들도록 한다는
것을 의미한다. 교수자 중심의 수업이 아닌 학습자 중심의 수업으로 진행
되기 때문에, 수업을 준비하기 위한 내용 분석 및 학습자 분석에서도 차별
화된 준비와 운영 전략이 필요하다.

1) 교과목 내용과 학습자에 대한 분석

　　가장 먼저 해야 할 일은 해당 교과목의 내용과 학습자에 대한 분석이다.
내용 분석은 교과목에서 중요하게 다루어져야 할 내용과 특성이 무엇인지
파악하는 것이다. 학습자가 반드시 알아야 할 주요 개념, 원리, 절차 등이
무엇인지 도출하고, 이들의 관계가 위계적인지, 순차적인지, 병렬적인지
혹은 다른 어떤 특성을 가지고 있는지 파악해야 한다. 내용 분석이 잘 이루
어져야 학습자가 어떠한 내용의 실제 과제를 어느 정도 수준까지 해결하는
것이 적절한지 결정할 수 있다.

　　내용 분석과 함께, 수업을 수강할 학습자들은 대체로 어떠한 특성을 갖
고 있는지 파악하는 학습자 분석을 수행한다. 아직 어떠한 특성을 지닌 학
습자들이 수업을 수강할지 알 수 없지만, 처음 교단에 서는 사람이 아니라
면 이전의 경험을 토대로 학습자들이 지닌 일반적인 특성을 알 수 있다.
즉, 연령, 성별, 선수지식 내용과 수준 등이다. 액션러닝과 관련된 학습자
들의 학습 욕구 및 역량을 진단하는 것도 중요한데, 교수자 스스로 다음과
같은 질문에 답해 보는 것이 좋은 방법이 될 수 있다. 즉, '학습자들이 액션

러닝을 어느 정도 수준까지 수행할 수 있는가?' '학습자들이 액션러닝이 지향하는 역량 개발에 어느 정도까지 관심이 있는가?' '학습자들의 학습욕구는 어느 정도인가?' 등이다. 기회가 된다면 이러한 질문을 이전 학기 수업에서 혹은 학생 상담 등의 시간을 활용하여 학습자들에게 직접 질문해 보는 것도 학생들을 보다 잘 이해할 수 있는 좋은 방법이다.

2) 학습목표 수립

교과내용과 학습자에 대해 충분히 분석·정리가 되었다면 이제 학습목표를 구체적으로 수립한다. 흔히 학습목표보다는 '교과목의 교육목표'라는 표현을 많이 사용하곤 한다. 교육목표란 교수자의 입장에서 교육을 통해 도달하고자 하는 목표다. 비슷한 개념으로 보이지만, 가능하면 학습목표라는 용어로 바꾸는 것이 더 적절하다. 학습목표란 학생들이 이 교과목의 수강을 통해 도달해야 하는 목표다.

학습목표를 분명하게 제시하는 것은 중요하고 의미 있다. 학생들은 '아, 이 수업을 수강하면 내가 이런 능력을 갖게 되는구나' '내가 이러한 것을 할 수 있게 되는구나' '이 목표에 도달할 수 있도록 더 노력해야 하는구나'라는 생각을 갖게 된다. 학습자의 적극적인 참여로 이루어지는 액션러닝 수업이라면 교육목표보다는 학습목표가 더욱 적절해 보인다.

학습목표는 교수자에게는 과제 선정·수업 운영 전략·평가 방법 및 도구 개발의 준거가 되며, 학생들에게는 좋은 학점을 받기 위해 무엇을 해야 할지를 알려 주는 중요한 정보가 된다.

우선, 액션러닝의 학습효과를 생각해 보자. 액션러닝의 학습목표는 과제 수행 과정에서 교과목에서 주요하게 다루어져야 할 지식을 효과적으로 습득·활용하는 것뿐만 아니라 과제해결 능력, 자기주도적 학습능력, 협동

학습 능력, 효과적인 의사소통 능력 등 다양한 역량 개발도 포함한다. 따라서 주어진 교과목의 학습목표가 이러한 역량을 향상시킬 수 있는지 검토해야 한다.

만약 학습목표 중 앞서 제시한 역량개발에 대한 것이 매우 적게 포함되어 있거나 전혀 해당되지 않는다면, 액션러닝에 의한 수업은 일부분에만 적용하거나 다른 교수법을 고려해야 할 것이다. 예를 들어, 빠른 시간 내에 어떠한 공식을 활용하여 문제를 잘 풀 수 있도록 하는 것이 학습목표라면, 이 수업은 교수자가 공식에 대해 설명한 후 학습자들이 다양한 유형의 문제를 많이 풀어 보는 것이 적절한 교수학습방법이 될 것이다. 다른 예로, 자격시험에서 높은 점수를 받는 것이 학습목표라면, 다양한 시험 유형을 경험하고 시험 상황에서 학습한 내용을 회상하는 능력을 키워 주는 문제풀이식 수업이 적절한 교수학습방법이 될 것이다.

액션러닝은 모든 수업에서 활용해야 할 교수학습방법이 아니라, 학습자들에게 내용에 대한 이해를 넘어 학습내용을 실제 맥락에서 활용할 수 있도록 하는 능력과 과제해결 능력 등의 역량을 키워 주고자 할 때 적절한 교수학습방법이다. 사실 대부분의 전공 교과목들은 이러한 학습목표를 포함하고 있을 것이다. 몇몇 특수한 교과목을 제외하고, 학습자들이 교재에서 소개하는 내용을 단순히 기억하고 이해하는 수준에서 학습이 끝나길 원하는 교수자는 거의 없을 것이다.

교수자들이 자주 하는 질문들 가운데, "15주 내내 액션러닝으로 수업해야 하는가?" "모든 수업을 액션러닝으로만 진행해야 하는가?" "교과목의 일부는 내가 설명하지 않으면 학생들이 이해하기 어려운 내용이 있는데, 이것도 액션러닝으로 해야 하는가?" 등이 있다. 그것은 해당 교과목의 학습목표에 달려 있다. 어떤 역량을 육성하는 데 학습목표의 초점을 둘 것인가에 따라 액션러닝의 범위를 정해야 할 것이다. 이를 위해 〈표 5-1〉과 같이 빈 칸에 학습목표를 적어 본 후 생각해 봐야 할 것이다.

표 5-1 학습목표 작성

주요 학습목표	(학습목표는 구체적으로 진술한다.)

학습목표 작성 시 스스로에게 해 볼 질문들

학습자들이
- 지식을 통합적으로 습득하길 원하는가?
- 실제 맥락에서 사용되는 과제해결 프로세스를 습득하길 원하는가?
- 전문가로서의 효과적·효율적인 과제해결 프로세스를 개발하기 원하는가?
- 효과적인 자기주도적 학습기술을 개발하기 원하는가?
- 효과적인 팀 학습기술을 개발하기 원하는가?

Teaching Tips 학습목표 작성 안내

학습목표는 되도록 구체적이고 자세하게 작성해야 한다. 학습목표 작성 시 흔히 사용하는 서술어는 '안다' '이해한다' '파악한다' '인식한다' 등이다. 즉, '조직행동론의 주요 이론을 이해한다'와 같이 작성한다. 교수자 입장에서 작성하기는 쉽지만, 이렇게 작성하면 학습목표가 수업 내용·방법, 평가 방법을 안내하는 역할을 수행할 수 없다. 따라서 학습목표를 작성할 때는 다음과 같은 구체적이고 관찰 가능한 서술어를 활용하여 작성하는 것이 바람직하다. 예를 들면, '조직행동론의 주요 이론의 특성을 설명할 수 있다' 혹은 '한 조직의 특성을 조직행동론의 이론을 활용하여 분석·제시할 수 있다'와 같다.

- 기억: 계산한다, 표시한다, 읽는다, 반복한다, 인용한다, 서술한다, 그린다, 회상한다, 도표로 만든다, 가리킨다, 확인한다, 기록한다, 작성한다, 열거한다
- 이해: 해석한다, 비교한다, 대조한다, 계산한다, 구별한다, 예측한다, 대비한다, 묘사한다, 차이를 말한다, 짝짓는다

- 응용: 적용한다, 푼다, 시험한다, 사용한다, 분류한다, 활용한다, 완료한다, 연습한다, 작성한다, 관련시킨다
- 분석: 배열한다, 발견한다, 분류한다, 설명한다, 관련시킨다, 추론한다, 변형한다, 분리한다, 분석한다, 요약한다
- 종합: 조정한다, 개발한다, 계획한다, 결합한다, 공식화한다, 준비한다, 설계한다, 구성한다, 일반화한다, 지시한다, 조직한다, 만든다
- 판단: 조정 및 판단한다, 권장한다, 비평한다, 측정한다, 결정한다, 분류한다, 평가한다, 선택한다

구체적인 서술어를 사용하는 것보다 더 정확한 학습목표를 진술하고자 할 때는 목표 진술의 4요소인 ABCD를 모두 포함하여 진술한다. A는 학습자(audience)로 누가 학습할 것인지 대상을 분명히 하는 것이다. B는 행동(behabior)으로 학습자가 행동으로 무엇을 할 수 있을 것인가를 진술하는 것이다. C는 조건(condition)으로 학습한 성취 행동을 실행하기 위한 구체적인 조건을 제시하는 것이다. D는 정도(degree)로 학습자의 학습성취를 평가할 준거를 제시하는 것이다(Heinich et al., 1996).

ABCD를 모두 포함하면 '경영학 전공 학습자들에게(A) 국내 중소기업 중 한 기업의 특성을 제시하면(C) 2주 이내에(D) 기업의 주요 특성을 조직행동론의 이론을 활용하여 분석 · 제시할 수 있다(B)'와 같이 학습목표를 진술할 수 있다.

---

2 액션러닝 과제 및 과제해결 프로세스 설계

액션러닝에서 다룰 과제는 교수자가 미리 준비할 수도 있고, 수업이 시작된 후 학습자들이 팀별로 스스로 과제를 발굴하거나 선정할 수도 있다. 그러나 액션러닝 수업을 처음 시도하는 것이라면 수업이 시작되기 전 수업의 내용과 목표에 부합하는 적절한 과제들이 어떤 것이 있을지 미리 고민해 보고 정리하는 것이 필요하다.

1) 과제 초안 작성하기

이제 앞서 제시한 액션러닝 과제의 기준을 고려하면서 과제를 개발해 보자. 우선 학습목표를 기술한 후, 학생들이 수행할 수 있는 과제 유형을 써 본다. 그리고 과제의 내용과 최종 결과물, 발표 형태 등에 대해서 교수자 스스로 미리 초안을 작성해 본다.

표 5-2 과제 초안 작성 양식 - 1

과목명	
학습목표	
과제명	
과제 내용	
최종 결과물	
발표 형태	

2) 과제해결 프로세스 및 결과물의 모범 답안 작성

과제의 내용이 결정되면, 학생들이 과제 수행을 위해 어떠한 과정을 거

처야 하며 어떤 내용과 형태의 결과물을 제시하는 것이 바람직한지 교수자 스스로 미리 초안을 작성해 본다. 이는 학습자들의 학습을 돕는 코치 역할 수행 시 중요한 기준이 된다.

표 5-3 과제 초안 작성 양식 – 2

과제해결 프로세스	
최종 결과물에 담겨야 할 주요 내용 및 형태	

표 5-4 과제 초안 작성 예시: 조직행동론

과목명	조직행동론
학습목표	• 조직행동 이론을 실제 상황에 적용하고, 이에 대해 설명할 수 있다. • 인간의 보편적 특성에 대해 설명할 수 있다. • 팀 학습기술을 학습과정에서 활용할 수 있다. • 과제해결 프로세스를 활용하여 조직의 과제를 해결할 수 있다.
과제 유형 예시	1. 학생회 부회장의 리더십 향상 2. 의사와 간호사 간 갈등해소 방안 3. 동아리 구성원 간 유대 강화
과제해결 프로세스	1. 연구 대상 조직 및 주제 선정, 최종 산출물 결정 2. 현황 및 문제점 분석: 연구 대상 조직에 대한 현장 방문(관찰, 인터뷰, 설 문조사 등)

	3. 원인 분석: 5 WHY 기법
	4. 해결 방안 모색: 현장 활동 및 아이디어 도출을 통한 과제해결 방안 모색
	5. 타당성 분석 및 수정 보완: 해결방안의 현장 적용 또는 해당 조직의 책임자로부터의 피드백
	6. 최종 보고서 작성
최종 결과물	방안의 효과를 확인할 수 있는 증거(인터뷰, 스폰서로부터의 피드백 등)
발표 형태	팀별 프레젠테이션

 과제해결 프로세스를 미리 고려해야 하는 이유

　액션러닝 수업에서 활용할 과제를 설계하면서 과제해결 프로세스를 미리 고려한다는 것은 어떤 의미가 있을까? 액션러닝에는 정해진 과제해결 프로세스가 없다. 러닝코치가 판단했을 때 가장 적절한 과제해결 프로세스와 과제해결 도구를 선택 혹은 설계하여 학습자들에게 제시해야 한다. 과제해결 프로세스를 미리 생각하지 않는다면 학습자들에게 어떤 과정과 도구를 활용하는 것이 적절한지에 대한 안내를 제공하기 어려울 것이다.

　예를 들어 보자. 초보 러닝코치인 정은현(가명) 씨는 본인이 다니고 있는 한 교회의 주일학교 교사들을 대상으로 액션러닝을 수행하고자 하였다. 정은현 씨는 액션러닝의 과제해결 도구로 블랭크 차트에 대해 학습했기 때문에 이를 활용하고자 하였다. 그런데 막상 실제로 적용해 보려고 했을 때 어려움이 많았다. 왜일까? 그 이유는 블랭크 차트가 그 과제에는 적합하지 않다는 것을 과제해결 프로세스를 진행하면서 느꼈기 때문이다. 블랭크 차트는 과제의 최종 결과를 발표할 때 어떤 내용을 어떻게 구성할 것인가를 이미지로 작성한 후 실행계획을 수립하는 것이다. 이때 이미지란 일반적으로 프레젠테이션 내용을 파워포인트로 어떻게 구현할 것인가를 나타낸 것이다. 정은현 씨가 운영하는 액션러닝 프로그램에 참가하는 학습팀원들은 대부분 주부들이었으므로 기업이나 학교에서의 프레젠테이션을 위한 결과물에 익숙하지 않았기 때문에, 블랭크 차트를 활용하는 것에 대한 필요성도 동기부여도 갖지 못했던 것이다. 이 경우 정은현 씨는 주일학교 교사들이 자신의 경험을 이야기하고, 그 경험으로부터 이후에 무엇을 실천할 것인가를 도출해 내는 방식으로 과제해결 프로세스를 설계하는 것이 더 적합했을 것이다.

	[정은현 씨에게 추천하는 과제해결 프로세스를 위한 토의 양식]		
이름	주제와 관련한 성공 경험	성공 경험의 주요 키워드	키워드를 실천하기 위한 계획들

과제 시작 전에 과제해결 프로세스 전체를 고려하면서 적절한 과정이나 방법, 도구에 대해 고민하는 것은 러닝코치가 해야 할 매우 중요한 일이다.

3) 과제 검토하기

과제가 개발되면 이것이 액션러닝 과제의 기준에 맞는지, 학습자가 주어진 기간 안에 충분히 이해하고 도전할 만한 수준인지 그 타당성을 점검할 필요가 있다. 과제가 액션러닝의 특성을 잘 반영하고 있는지 점검하기 위해 과제진단 체크리스트를 사용할 수 있다(〈표 5-5〉 참조). 과제진단 체크리스트에는 앞서 언급한 액션러닝 과제의 조건과 학습자 수준 및 학습목표와의 부합 정도를 확인할 수 있는 항목들이 열거되어 있다. 열거된 항목에 대해 모두 부합하면 액션러닝 특성을 잘 반영하는 과제라 판단할 수 있을 것이다. 만약 '아니요'라고 표시되는 요소들이 많다면 과제를 다시 점검할 필요가 있을 것이다.

표 5-5 과제진단 체크리스트

기준	내용	응답	
		예	아니요
중요성	과제는 학습자와 관련자에게 의미 있고 중요한가?		
비구조성	과제해결을 위해 다양한 접근이 가능한가?		
	과제의 해결안이 다양하게 제시될 수 있는가?		
실제성	실제 과제인가?		
구체적인 결과물	과제해결 여부를 확인할 수 있는 구체적인 결과나 결과물을 제시할 수 있는가?		
학습기회 제공	과제의 내용이 학습목표에 부합하는가?		
	학습자의 경험과 지식으로부터 출발할 수 있는 내용인가?		
	학습자들의 수준과 수행 기간을 고려할 때 적절한 난이도인가?		

* 최정임, 장경원(2010)의 내용을 참조하여 재구성함

Teaching Tips 액션러닝 경험이 많은 교수자와 액션러닝으로 처음 수업하는 교수자의 과제 선정 과정 비교

액션러닝으로 수업 운영을 한 경험이 많은 교수자와 그렇지 않은 교수자의 과제 선정 과정을 비교해 보면 현재 자신에게 맞는 과제 선정 과정을 선택할 수 있다. 다음의 그림에 제시된 것처럼 액션러닝 경험이 많은 교수자는 학습목표 도출 후 해결해야 하는 과제의 기준(범위 또는 주제)만 결정한 후 학생들이 예비 과제를 선정하게 하였다. 이후 학생들이 선정한 예비 과제에 대해 질문을 제시하거나 과제를 선정할 수 있는 의사결정 기법 등을 제시하여 학생들 스스로 최종 과제를 선정하도록 하였다. 한편, 오른쪽 그림에 제시된 것처럼 액션러닝으로 처음 수업하는 교수자는 과제를 선정하기보다는 교수자 자신이 과제를 개발하거나 발굴하였고, 학생들은 교수자가 제시한 과제를 이해하는 역할을 하였다. 교수자가 과제를 제시한다는 점에서 문제중심학습과 공통점을 갖지만 액션러닝은 현실에서 해결해야 하는 실제 과제라는 점에서 차이가 있다(자세한 내용은 p. 30 참고).

액션러닝 경험이 많은 교수자와 경험이 없는 교수자 집단의 과제 선정 과정의 가장 큰 차이는 교수자가 학생들에게 과제의 적절성을 검토할 수 있는 기회를 주는지의 여부다. 중요한 것은 과제의 적절성을 검토하도록 하는 방법인데, 경험이 많은 교수자들은 학생들이 과제의 적절성을 검토할 수 있도록 교수자가 '질문'하거나 '질문'의 역할을 대신할 수 있는 도구를 제공하였다. 질문은 액션러닝을 운영하는 교수자들에게 요구되는 중요한 역량이다. 따라서 경험이 많은 교수자들이 과제 선정 과정에서 학생들에게 적절한 질문을 제시하여 학생들이 스스로 과제를 검토하고 다듬도록 하는 것은 매우 바람직한 모습이라 할 수 있다. 또한 경험이 없는 교수자들이 보여준 '학습목표에 부합한 과제를 교수자가 스스로 연구'하는 모습은, 액션러닝 역시 교육의 목표에 부합한 경험이 이루어지는 것이 매우 중요하므로 교수자는 학습자들이 무엇을 경험하게 할 것인지 사려 깊게 고민해야 함을 보여주는 것이라 할 수 있다.

〈액션러닝 경험이 많은 교수자와 처음 수업하는 교수자의 과제 선정 과정 비교〉

* 음영이 있는 단계는 학습자가 참여하는 단계다.
출처: 장경원(2013).

3 평가 설계[5]

액션러닝에서는 지식의 습득뿐만 아니라 과제해결 능력, 협동학습 능력과 같은 다양한 역량의 획득을 목표로 한다. 따라서 액션러닝에서의 평가는 기존의 전통적 교수학습 환경과는 다른 평가 철학과 방법이 필요하다. 액션러닝은 학습자들의 참여와 활동이 주가 되는 수업이기 때문에 평가 주체, 평가 내용, 평가 시기, 평가 방법에서 전통적인 수업과 달리 다양성을 갖는다. 액션러닝에서 평가를 설계할 때 고려할 사항을 살펴보면 다음과 같다.

1) 누가 평가할 것인가

전통적으로 평가는 교수자에 의해서 이루어지지만, 액션러닝에서는 평가의 주체가 학생 자신, 동료, 교수자, 그리고 가능하다면 과제를 제안한 스폰서나 현장 전문가로 다양하며, 다음과 같이 평가할 수 있다.

- 자기 평가: 모든 학생은 자신에 대해 과제해결자로서의 수행 내용, 자기주도적 학습자로서의 수행 사항, 학업의 성취도, 학습집단 구성원으로서의 공헌도 등을 평가한다.
- 동료 평가: 같은 팀의 다른 학생들은 그동안 관찰한 것을 근거로 같은

---

5 액션러닝은 문제중심학습과 차이점이 있지만, 학생들이 주가 되어 과제를 해결하는 과정에서 학습이 이루어지도록 하는 동일한 학습 및 수업 논리를 가지고 있다. 따라서 액션러닝에서의 평가는 문제중심학습에서의 평가와 유사하다. 이 책의 평가에 대한 부분은 장경원(저자)과 최정임 교수가 2010년에 함께 쓴 『PBL로 수업하기』의 평가 부분을 많이 참조·활용하였다.

영역에 대해 동료 평가를 한다.

- 교수자 평가: 교수자 자신이 관찰한 내용을 기초로 학생들의 자기 평가, 동료 평가 결과를 활용하여 학습과정 및 결과를 평가한다.
- 과제 스폰서 또는 현장 전문가의 평가: 해결안이 현실적으로 가능하며, 적절한 것인지 평가한다.

평가 주체의 다양함에 대해 교수자들이 가장 많이 갖는 의문점은 한 명의 학습자에 대한 평가 시 자기 평가, 동료 평가, 교수자 평가 및 현장 전문가의 평가 결과를 각각 어떻게 반영할 것인가에 대한 것이다. 그러나 이에 대한 정답은 없고, 교수자가 액션러닝을 운영하면서 학생들과 함께 결정한 비율과 방법을 반영하는 것이 바람직할 것이다.[6] 또한 학습팀이 과제를 발표할 때 나머지 학생들도 평가에 참여해서 그들의 평가 점수를 일정 부분 반영시킬 수도 있을 것이다(청중 평가). 이처럼 나머지 학생들이 평가에 참여하면 다른 팀들의 발표에 좀 더 집중하게 되며, 평가의 공정성 측면에서도 긍정적인 효과가 있다.

2) 무엇을 평가할 것인가

액션러닝 수업에서 평가 대상은 학습목표에 따라 지식, 기술, 태도의 세 가지 영역으로 나눌 수 있다.

지식 영역에서는 과제에서 다루는 주요 내용에 대해 학생들이 얼마나 잘

---

6 자기 : 동료 : 교수자 : 현장 전문가 평가의 비율을 2 : 3 : 5 : 0 또는 1 : 2 : 4 : 3 등으로 반영할 수도 있다. 교수자가 팀 총 점수를 준 후, 이를 학생들이 공헌도에 따라 자율적으로 나누어 갖게 하는 경우도 있지만 팀원들 간에 갈등 소지가 있을 수 있다. 이보다는 자신과 동료를 포함한 공헌도 평가를 하게 한 후 교수자가 이를 참고로 팀 점수에서 +2 ~ -2점 정도로 가감해서 각 학생들에게 점수를 주는 방법이 적절해 보인다.

이해하고 있는지, 해당 지식을 얼마나 통합적으로 습득했는지를 평가해야 한다. 이를 위해서는 과제의 최종 해결안, 개념 지도, 성찰 보고서 등의 결과물과 액션러닝에서 다룬 것과 유사한 형태의 다른 문제 상황을 제시하여 이에 대한 학습자들의 해결안을 살펴보는 등 다양한 방법으로 '지식' 영역의 학습 성공 여부를 결정할 수 있다(Anderson, 1998).

기술 영역에서는 학생들이 과제해결 기술, 팀 학습기술, 자기주도적 학습기술, 의사소통 기술을 얼마나 잘 활용하고 익혔는지를 평가해야 한다. 이러한 기술은 학습자들이 평생학습자가 될 수 있도록 하는 유용한 기술들이다.

태도 영역에서는 학생들의 과제(주제)에 대한 태도, 다른 사람의 의견에 대한 태도, 기꺼이 과제를 해결하고자 하는 태도, 과제에 대한 자신감 등이 얼마나 긍정적으로 향상되었는가를 평가해야 한다.

'기술'과 '태도' 영역에서의 평가는 학습자들의 개별 학습과 팀 학습활동의 과정, 과제해결안의 발표, 자기효능감 등의 특정 변인에 대한 검사도구 등을 활용하여 평가할 수 있다(서정돈, 안병현, 손희정 역, 2005; Blumberg, 2000; Lambros, 2004).

3) 어떻게 평가할 것인가

평가 항목 및 평가표를 개발·활용하면 다양한 결과물과 활동을 보다 쉽게 평가할 수 있다(Anderson & Puckett, 2003). 평가표는 평가의 기준을 제공해 준다는 것 외에도 교수자가 아닌 학습자 자신과 동료에 대해서도 평가를 할 수 있다는 이점이 있다. 평가표 활용은 대형 강의에서 많은 학생들을 평가할 수 있는 전략이기도 하다(Woods, 1994). 평가 기준과 평가표는 평가의 목적과 대상, 주체에 따라 다양한 형태로 제시될 수 있는데, 다음에서 살펴보는 평가표와 평가 준거를 활용할 수 있다. 제시된 평가표는 그대로 활용할 수도 있지만, 교수자 자신의 수업 특성에 맞게 선택 · 변형하거나 새롭게 개발하여 사용하는 것이 바람직할 것이다.

(1) 학습내용 평가

학습내용 평가의 대상이 되는 것은 학생들의 개념 이해 정도와 이해한 것을 적용하는 능력이다. 내용 획득 정도에 대한 평가는 과제해결 프로세스 진행 중, 그리고 프로세스 완료 후에 모두 이루어질 수 있다. 먼저 과제해결 프로세스 진행 중에 평가를 하는 것은 과제를 해결하는 과정에서 지속적으로 피드백을 제공해야 하기 때문이다. 이때 교수자는 학습과정을 관찰하고, 적절한 질문을 제시하며, 필요시 학생들의 학습결과에 대해 의견을 제시한다. 이러한 교수자의 평가를 위한 행동(결국, 피드백을 제공하는 것)은 학생들이 학습내용을 획득하여 그것을 깊게 이해하는 동안에 학생들의 수행을 향상시키게 한다(Lambros, 2004).

학습내용에 대한 최종적인 평가는 최종 결과물 발표 시에 이루어질 수 있다. 최종 평가 시에는 팀별로 이루어지는 발표에 대해 학생 전원이 의견을 제시하여 평가하는 것이 필요한데, 이때 〈표 5-6〉과 같은 간단한 평가표를 활용할 수 있다.

표 5-6 최종 결과물에 대한 간편 평가표

<table>
<tr><td colspan="4" align="center">팀별 발표에 대한 의견</td></tr>
<tr><td colspan="4">과제명:</td></tr>
<tr><td colspan="4">팀 이름: 학번: 이름:</td></tr>
<tr><td>팀 이름</td><td>칭찬하고 싶은 점</td><td>개선 및 추가가 필요한 내용</td><td>점수(0~10)</td></tr>
<tr><td></td><td></td><td></td><td></td></tr>
<tr><td></td><td></td><td></td><td></td></tr>
<tr><td></td><td></td><td></td><td></td></tr>
<tr><td></td><td></td><td></td><td></td></tr>
</table>

(2) 보고서 평가

학생들은 과제해결 내용을 정리한 보고서를 제출하게 되는데, 이때 〈표 5-7〉과 같은 보고서 평가 기준을 마련하여 활용할 수 있다. 보고서 평가 기준은 전공과 과제의 특성에 따라 적절하게 재구성할 수 있다.

표 5-7 보고서 평가표

내 용	자기 평가	동료 평가	교수자 평가
신뢰할 만한 참고문헌이 4개 이상 포함되었다.			
주제가 분명하게 드러났다.			
내용에 대한 설명, 세부 사항, 적절한 예를 포함하고 있다.			
형식에 맞게 작성되었다(예: APA 방식, 문법, 철자, 정확한 표현).			

출처: Anderson & Puckett (2003).

(3) 과제해결 프로세스 평가

액션러닝에서는 학습내용에 대한 이해뿐 아니라 함께 과제를 해결하는 학습과정을 평가하는 것도 동일하게 중요하다. 이때 과제해결이 개별적으로 이루어지기보다는 팀 내에서 협동적으로 이루어지기 때문에 과제해결 프로세스 평가는 팀 구성원으로서의 활동에 대한 평가를 포함한다. 팀원의 팀 활동에 대한 평가 시 〈표 5-8〉〈표 5-9〉와 같은 평가표를 활용할 수 있다.

표 5-8 팀 활동 평가표 I

* 판단 정도에 따라 1~20점의 범위에서 평가해 주세요.

_____에 대한 평가

내 용	점수
분담한 과업을 수행하였다.	
모든 모임에 참석하였다.	
집단 활동 시 긍정적이고 적극적인 태도를 보였다.	
과제해결을 위한 의견 제시, 투입(input)에 많은 공헌을 하였다.	
팀원으로서 효과적으로 활동하였다.	

출처: Anderson & Puckett (2003).

표 5-9 개별 학생 평가표 II

• 평가일: _____년 _____월 _____일
• 과제명: _____
• 이름: _____

* 각 개인의 각각의 준거에 따라 해당 점수를 기입하세요.
 (매우 우수 = 5, 우수 = 4, 보통 = 3, 부족 = 2, 매우 부족 = 1)

내 용	팀원 이름				
팀 활동에 참여하였다.					
과제의 해결안을 성공적으로 개발하는 데 공헌하였다.					
다른 사람의 의견을 경청하였다.					
질문을 제기하고 다른 사람의 질문에 대답하였다.					
과제를 지속적으로 수행하였다.					
양질의 정보를 찾아 제공하였다.					
다른 팀원들과 협력하였다.					
긍정적인 의견을 제시하였다.					
리더십을 발휘하였다.					
다른 팀원을 칭찬하고 격려하였다.					
점수 합계					

출처: Lambros (2004).

(4) 온라인 토의 평가

일반적으로 액션러닝 방식의 수업을 운영할 때 강의실이나 교실만으로는 충분한 학습공간을 제공할 수 없다. 따라서 온라인 학습공간을 활용하여 팀별 토의가 이루어지게 된다. 이러한 온라인 토의는 교실과 동일하게 학습자들의 과제해결 프로세스를 보여 주기 때문에 이에 대한 평가도 동일하게 이루어져야 한다. 온라인 공간이 갖는 특성을 고려하여 〈표 5-10〉과 같은 평가 준거를 활용할 수 있으며, 이러한 준거를 활용하여 학생들이 자신과 동료를 평가할 수 있다. 이러한 평가 준거는 학기 초에 학생들에게 제시하여, 올바른 토의 자세와 기술을 습득하기 위한 지침으로 활용할 수 있도록 하는 것도 바람직할 것이다.

표 5-10 온라인 토의 평가 준거

가능 점수	내 용
9~10	• 중요 개념들을 충분히 잘 이해하고 있다. • 시기적절한 방식으로 팀에 공헌하였다. • 할당된 과제의 최소한 혹은 그 이상을 수행하였다. • 글을 분명하고 논리적으로 작성하였다.
7~8	• 중요한 개념들을 대체로 정확히 이해하고 있다. • 시기적절한 방식으로 팀에 공헌하였다. • 할당된 과제의 최소한을 수행하였다. • 글을 대체로 분명하고 논리적으로 작성하였다.
5~6	• 중요 개념들에 대해 제한적으로 이해하고 있다. • 불규칙하게 팀에 공헌하였다. • 할당된 과제를 건성으로 수행하였다. • 글을 성의 없이 산만하게 작성하였다.
1~4	• 거의 참여하지 않았다. • 성의 없이 엉뚱한 글을 작성하였다.

출처: Anderson & Puckett (2003).

(5) 프레젠테이션 평가

발표력은 액션러닝을 통해 학생들이 습득해야 하는 또 하나의 중요한 능력이다. 따라서 가능한 많은 학생들이 발표의 기회를 갖도록 하며, 발표 시 자기 자신, 동료, 교수자로부터 충분한 피드백을 받아 자신의 부족한 부분을 교정할 수 있는 기회가 될 수 있어야 한다. 프레젠테이션 평가 시 〈표 5-11〉과 같은 평가표를 활용할 수 있다.

표 5-11 프레젠테이션 평가표

* 각각의 준거에 따라 해당 점수를 기입하세요.
  (매우 우수 = 5, 우수 = 4, 보통 = 3, 부족 = 2, 매우 부족 = 1)

내 용	자기 평가	동료 평가	교수자 평가
발표에 중요한 내용이 충분히 제시되었다.			
발표 내용이 논리적으로 잘 조직되었다.			
발표 자료가 매력적으로 구성되었다.			
발표 내용이 청중이 이해하기 쉽게 제시되었다.			
발표 내용이 학습에 도움이 되었다.			
발표의 전체적 질(수준)이 적절했다.			

• 발표에서 가장 잘된 부분은 무엇입니까?

• 발표를 향상시키기 위해 제안을 한다면?

• 부가 의견:

(6) 포트폴리오 평가

포트폴리오는 학생들의 학습과정과 결과가 드러나는 것으로, 한 학기 동안 이루어진 학습결과를 전체적으로 파악할 수 있다. 이때 포트폴리오는 내용과 함께 제시되는 형식도 중요하므로 〈표 5-12〉와 같이 내용의 구성, 양, 성찰, 깊이 등을 모두 고려할 수 있는 평가준거를 마련하는 것이 바람직하다. 최근에는 온라인 공간에서 개인 블로그나 홈페이지 등을 활용하여 포트폴리오를 구성하기도 하는데, 이때도 시각적, 내용적으로 얼마나 잘 조직되어 있는지를 평가해야 할 것이다.

표 5-12 포트폴리오 평가 준거

포트폴리오 제출자:

평가 주체(본인: _____ 동료: _____ 교수자: _____)

가능 점수	내 용
9~10	• 내용 구성이 매우 우수 • 사려 깊은 성찰 • 학습 결과물의 양 충분, 매력적인 제시 • 모든 영역을 충분히 포함함 • 매우 많은 노력을 기울임
7~8	• 내용 구성이 우수 • 적정 수준의 성찰 • 학습 결과물의 양 보통, 비교적 매력적인 제시 • 대체로 모든 영역을 포함 • 대체로 노력함
5~6	• 내용 구성이 미흡 • 제한된 성찰 • 학습 결과물의 양 부족, 창의성 결여된 제시 • 모든 영역을 포함하지 않음 • 노력 부족
1~4	• 어떤 최소 요구조건에도 부합하지 않음

출처: Anderson & Puckett (2003).

4 학습환경 설계

액션러닝 수업에서는 팀 활동이 필수적이기 때문에, 팀 활동을 수행하는 데 불편하지 않은 학습환경이 필요하다. 먼저 강의실이나 교실 공간은, 한 팀이 최대 6명이라고 할 때, 수업에서 구성된 팀의 수만큼 무리지어 앉아서 활동하기에 충분해야 한다. 팀과 팀의 책상이 완벽하게 독립적일 수는 없더라도 최소한의 간격은 유지해야 한다. 책상은 집단 활동을 위해 이동 가능해야 한다. 전통적인 강의실에 많이 배치되어 있는 책상-의자 일체형은 책상들을 붙이더라도 팀 활동하기에 불편하다. 따라서 대학의 경우 학교의 여러 강의실 중 책상이나 공간의 상태를 점검하여 액션러닝 수업에 적합한 강의실을 배정받을 수 있도록 해야 한다(최정임, 장경원, 2010).

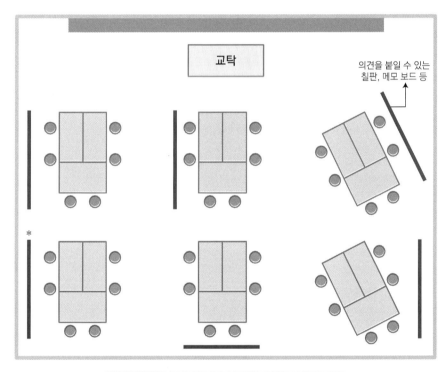

그림 5-1 ― 액션러닝 수업을 위한 좌석 배치도

* 각 팀별로 과제해결 과정에서 도출된 의견을 공유할 수 있도록 벽, 메모 보드, 게시판 등을 준비한다.

그 외에 학습자들이 자신의 의견을 제시하고 서로의 의견을 공유하거나 선택할 수 있도록 칠판, 메모 보드, 포스트잇 등을 준비하여 활용한다.

[그림 5-2]에서 보듯이, 학습팀의 발표물에 포스트잇을 이용해 의견을 붙이거나 좋은 의견에 별표 등을 표시하게 할 수도 있다.

그림 5-2 ─ 의견을 표시하는 모습

Teaching Tips **액션러닝 수업을 위한 준비물**

각 팀별로 네임펜, 포스트잇(76X76mm), 플립차트 또는 전지나 큰 종이, 투명테이프, A4 · A3 등 용지, 의견 표시용 스티커, 카메라(기록용) 등

팀 활동을 위한 시설이 부족한 경우 온라인 게시판이나 토의실을 이용할수 있다. 물론 교실 공간이 충분한 경우라도 자료 공유 등을 위해 온라인공간을 마련하는 것은 필요하다. 액션러닝을 위한 온라인 공간은 대학에서 지원하는 수업보조 사이트를 이용할 수도 있지만, 교수자가 직접 포털사이트를 이용해 쉽게 만들 수도 있다. 일반적으로 온라인 강의실에는 자료실, 토의실, 게시판 등이 포함되어야 하며, 각 집단별 집단 활동 공간을제공하여 집단 활동을 지원해야 한다.

온라인 공간을 이용하면 여러 가지 장점이 있다. 액션러닝과 관련된 집단 활동 과정이나 토의 내용을 교수자가 점검할 수 있고, 관련 자료를 저장할 수 있다. 그 외에도 수업 시간에 하지 못한 질문과 답변, 팀별로 이루어진 팀 빌딩 소개 등도 할 수 있다. 학습자들이 온라인 공간을 통해 자기소개를 하면 서로 친숙해져서 수업 분위기에도 도움이 될 것이다.

학생들이 온라인 공간에서도 교수자의 존재감(즉, 교수자가 학생들과 함께한다고 느끼는 것)을 느끼도록 하는 것이 중요하다(Palloff & Pratt, 1999). 이를 위해서 가능한 범위에서 팀별 토의실에 게시된 학생들의 글에 대해 의견, 격려, 칭찬 등을 자주 제시해 준다면 학습자들의 학습동기가 매우 높아질 것이다. 학생들은 이러한 교수자의 답글을 통해 동기부여가 될 뿐만 아니라, 교수자가 보고 있다는 생각 때문에 액션러닝에서 지켜야 하는 중요한 규칙들을 지키려고 노력하게 된다.

---

5 수업계획서 작성

수업계획서는 교수자와 학습자 모두를 위해 꼼꼼히 작성해야 한다. 수업계획서는 강좌에 대한 안내이므로 첫 수업 전에 완성되어야 하는데, 액션러닝 방식의 수업계획서는 액션러닝이 무엇이며, 어떻게 운영되는지에 대한 자세한 설명을 포함해야 한다. 액션러닝 방식을 활용한 수업계획서들을 살펴보면서 자신의 수업을 위한 계획을 작성해 보자.

✤ 액션러닝을 활용한 수업계획서 사례 1: 자기관리와 미래준비(교양교과목)

과목명	자기관리와 미래준비	
과목 목적 및 세부 역량	본 교과의 목적은 자기관리 역량의 하위 영역인 자기주도적 학습능력, 목표지향적 계획 수립 및 실행 능력, 정서적 자기 조절 능력, 직업의식을 함양하는 것이다. 이를 위한 구체적인 학습목표는 다음과 같다.	
학습목표	1. 직업 및 인생의 구체적인 목표를 수립할 수 있다. 2. 다양한 학습방법을 활용하여 개별 학습과 팀 학습을 할 수 있다. 3. 자신의 특성과 목표에 맞는 학습방법을 결정·활용할 수 있다. 4. 인적·물적 자원을 수집·활용할 수 있다.	
과제	개인	[전문가 인터뷰하기] 졸업 이후 자신이 원하는 직업에 종사하는 사람들 중 '프로'라 불릴 만한 사람을 만나 인터뷰한다. 인터뷰의 목적은 자신의 미래를 설계하는 데 도움을 받는 것이다. 따라서 이 목적에 맞는 인터뷰가 될 수 있도록 사전 준비 → 정리 → 성찰 활동이 충분히 이루어져야 한다. 인터뷰 결과는 정리하여 최종 발표 시 포스터로 준비한다.
	팀	[대학생을 위한 자기관리 프로그램 개발하기] 팀별로 대학생들에게 유의미한 자기관리 프로그램을 개발하는 것이다. 자기관리는 목표 관리, 스트레스 및 건강 관리, 시간 관리, 학습을 위한 학습전략 수립 등 다양한 영역을 포함한다. 이들 중 모든 영역을 다 포함해도 좋고, 특정 집단을 위한 프로그램을 개발하여도 좋다. 단, 본인들이 개발한 프로그램은 본인들이 직접 실천하도록 한다. • 대학생을 위한 자기관리 프로그램 예 　– 우리 팀 홍길동이 가지고 있는 문제를 해결할 수 있는 프로그램 　– 제주대학교 1학년들의 학습성과를 높일 수 있는 프로그램

	• 프로그램 개발에 포함할 내용
	  – 프로그램의 목적, 대상, 효과 등
	  – 프로그램의 주요 내용
	  – 프로그램의 실천에 도움이 되는 워크시트 및 평가표 등
	  – 기타 필요한 내용 또는 도구들

수업 운영 방법	본 교과는 학생들의 적극적인 참여를 기반으로 운영될 것이다. 수업에서 이루어지는 대부분의 활동은 팀을 기반으로 이루어지지만, 개별적으로 수행하는 활동들도 있다. 그러나 기본적으로 개별 활동들 역시 팀 내에서 구체적인 아이디어를 서로 제공하여 도움을 주는 것을 원칙으로 운영할 것이다.

평가 방법	출석 10%, 개별 과제 20%, 팀 과제 40%, 동료 평가 10%, 성찰리포트 20%
	＊ 성찰리포트는 개별 과제에 대한 것 1개, 팀 과제에 대한 것 1개를 작성하며 다음의 질문에 대한 내용을 자유롭게 기술한다.
	  • 무엇을 배웠는가?
	  • 어떤 과정을 통해 배웠는가?
	  • 배운 내용을 이후에 어떻게 적용 및 활용할 것인가?

주	내 용	Module	학습 내용
1	• 오리엔테이션		–
2	• 액션러닝을 위한 팀 학습 방법 소개(1) • 개별 과제 안내		• 3주차의 Module 1을 위해 자신이 만나고 싶은 사람 정해오기

3	• Module 1. Becoming a Professional
	  – 개별 활동: 삶의 궤적 그리기
	  – 팀별 활동 ①: 인터뷰 시 사용할 질문 만들기 (내가 만날 전문가 중 주요 질문 부분)
	  – 팀별 활동 ②: 개인 과제 방식 운영방법 실습
		1	• 명목집단법 등을 활용하여 팀별로 주요 질문 항목 개발
			• Module 1의 개별 과제는 개인적으로 수행하여 제출하는 것이지만, '개인 과제 방식 운영방법'에 소개된 내용을 참조하여 팀원들이 서로의 어려움을 함께 해결해 나가는 것임

4	• 액션러닝을 위한 팀 학습 방법 소개(2)	1	-
5	• 액션러닝을 위한 팀 학습 방법 소개(3) • 팀별 과제 안내	2	• 6주차의 Module 2를 위해 팀별로 수행해야 하는 과제에 대해 대략적으로 소개 및 안내
6	• Module 2. 대학생의 자기관리 프로그램 개발(팀별 과제)	2	• 팀별로 구체적인 과제를 선정한 후 로직트리 방법을 활용하여 과제해결을 위해 무엇을 학습·조사할 것인지 결정
7	• 팀별 과제 발표(1 round) – 팀별 과제기술서 발표	2	-
	• 개별 과제 발표 준비 – 'Open Group Project 운영 방법' 참조	1	-
8	• 과제 1 발표 & 피드백	1	• 포스터 발표 형식: 각자 준비한 포스터는 벽에 붙이고 원하는 사람의 것 앞에서 발표를 듣는다.
9	• Module 3. 목표 관리	3	• 해당 워크시트 작성 • 팀별 활동: 명목집단법 등 앞서 학습한 팀 학습기술들을 활용한다.
10	• Module 4. 시간 관리	4	
11	• 팀 과제 발표(2 round) & 피드백	2	-
12	• Module 5. 학습전략	5	• 해당 워크시트 작성 • 팀별 활동: 명목집단법 등 앞서 학습한 팀 학습기술들을 활용한다.
13	• Module 6. 스트레스 관리	6	
14	• 팀 과제 최종 발표 (3 round) & 피드백	2	-
15	• 팀 과제 최종 발표 (3 round) & 피드백 또는 한 학기 수업 내용 정리	2	-

❖ 액션러닝을 활용한 수업계획서 사례 2: 조직행동론(전공교과목)

학습목표
- 조직행동 이론을 실제 상황에 적용하고, 이에 대해 설명할 수 있다.
- 인간의 보편적 특성에 대해 설명할 수 있다.
- 팀 학습기술을 학습과정에서 활용할 수 있다.
- 과제해결 프로세스를 활용하여 조직의 과제를 해결할 수 있다.

[주별 계획]

주	강의 주제	AL 단계
제1주	• Orientation / Introduction to OB	동영상 감상
제2주	• Basic skills of Action Learning	동영상 감상/ Self-Assessment
제3주	• chap. 4. Understanding social perception	AL: 팀 편성, 연구 대상 선정
제4주	• chap. 5. Appreciating individual differences(personality, attitude…)	AL: As-Is 분석
제5주	• chap. 6. Motivation I	AL: 문제점/원인 분석
제6주	• chap. 7. Motivation II	AL: To-Be
제7주	• chap. 8. Improving performance with feedback, rewards, positive reinforcement	AL: 현장 활동/1차 대안 모색
제8주	• AL 중간 점검(시험 대체)	성찰 보고서 제출
제9주	• chap. 14. Leadership I	AL: 현장 활동/2차 대안 모색
제10주	• chap. 14. Leadership II	AL: 현장 활동/3차 대안 모색
제11주	• chap. 12. Communication	AL: 과제 마무리
제12주	• Reflection with films	
제13주	• AL presentation	과제 발표
제14주	• Special lecture	-
제15주	• Final oral exam	성찰 보고서 제출

❖ 액션러닝을 활용한 수업계획서 사례 3: 교육방법 및 교육공학(교직 교과목)

학습목표
- 교육공학의 학문적 특성을 설명할 수 있다.
- 교육공학의 이론적 근거가 되는 학습이론의 주요 특성을 설명하고, 이를 토대로 한 수업 계획을 수립할 수 있다.
- 교수 설계의 의미와 성격을 설명할 수 있다.
- 효과적이지 않은 수업의 요소를 찾고, 효과적인 수업이 되기 위해 필요한 요소가 무엇인지 제시할 수 있다.
- 효과적이지 않은 수업 요소의 개선 방안을 구체적으로 제시할 수 있다.
- 팀 학습과 개별 학습에 필요한 의사소통 능력과 학습기술을 발휘할 수 있다.

[주별 계획]

주	주요 내용	비고
1	강좌 오리엔테이션	• 아이스 브레이킹(수강생 모두 인사하기, 자기소개하기)
2	팀 빌딩 & 교육공학의 특성	• 팀 이름, 팀 규칙 정하기 • 교육공학의 특성(포스트잇 이용하여 의견 적기＋강의)
3	팀 학습기술 Workshop & Client 방문 요령, 팀별 Client 발표	• 다양한 회의 진행 방법, 의견 수렴 방법, 사회자의 역할 등에 대한 소개 및 연습 • 제비뽑기 방식으로 Client 선정(총 4명의 교내 교수와 1명의 초등학교 교사) • 수업 시간 중에는 Client의 전화번호만 알려 주기
4	체계적 교수 설계: 분석 단계 (1조 발표) & 분석 단계에 대한 강의	• 분석, 설계, 개발, 실행, 평가에 대해 발표할 조는 최소한 1주 전에 담당 교수자(장경원)와 만나서 발표계획을 의논하기 • 발표 시 발표하지 않는 학생들은 평가자에 자신들의 의견과 점수 기입
5	체계적 교수 설계: 설계 단계 (2조 발표) & 설계 단계에 대한 강의	
6	팀별 발표 준비	

7	팀별 발표 1: 해당 교수자의 수업 컨설팅을 위한 분석 결과	
8	중간고사 기간	
9	체계적 교수 설계: 개발 단계 (3조 발표) & 개발 단계 강의	
10	체계적 교수 설계: 실행 단계 (4조 발표) & 실행 단계 강의	
11	팀별 발표 준비	
12	팀별 발표 2: 해당 교수자의 수업 컨설팅을 위한 설계 및 개발 단계 결과	
13	체계적 교수 설계: 평가 단계 (5조 발표) & 평가 단계 강의	
14	팀별 발표 3: 최종 컨설팅 결과 발표	
15	개념지도 작성하기 & make up 강의	• 한 학기 동안 학습한 내용에 대해 주요 개념 정리
16	기말고사	• 학생들이 해결한 과제와 동일한 맥락의 과제를 제시하고 이에 대한 컨설팅 의견 작성하기

6장

액션러닝 수업 운영

지금까지 액션러닝으로 수업하기 위해 액션러닝과 액션러닝에서의 과제 및 과제해결 프로세스에 대해 학습하고, 액션러닝에서 사용할 수 있는 다양한 도구와 과정을 익히고, 수업을 설계하였다. 이제 교수자는 설계한 대로 수업을 운영해야 한다. 이전에 문제중심학습과 같은 학습자 중심 교수학습방법을 활용한 경험이 있다면 수업 운영이 그리 어렵지 않을 것이다. 그러나 강의법과 같이 교수자 중심의 수업에 익숙한 교수자라면 이전과는 다른 역할과 행동을 해야 함을 기억해야 한다. 이 장에서는 액션러닝으로 수업할 때 교수자가 무엇을 해야 하는지 단계별로 안내한다. 이 장은 수업 운영 절차에 따라 운영전략을 제시했기 때문에 앞서 제시된 내용이 조금 반복될 수 있지만 수업의 처음부터 끝까지 필요한 내용을 제시하고자 하였다.

1 　액션러닝 소개 및 분위기 형성

　　전통적 수업과 달리 액션러닝은 많은 변화를 요구한다. 교수자와 학습
자의 역할, 수업 목표, 진행 절차, 평가 방법 등 거의 모든 면에서 전통적인
수업과 다르다. 때문에 학생들이 막연한 기대나 추측만 가지고 수업에 참
가하게 되면 매우 혼란스럽고 당황할 수도 있다. 이러한 상황은 당연히 학
습동기의 저하를 초래할 것이다.

　　따라서 교수자가 수업 초기에 액션러닝이 무엇이며 어떻게 진행되는지,
학생에게 어떤 태도와 행동이 필요한지에 대해 명확하게 설명하는 것이 필
요하다.

　　액션러닝 수업 소개 시 알려 주어야 하는 주요 내용은 다음과 같다.

- 액션러닝의 정의 및 특성
- 액션러닝 과제 수행 방법 및 절차
- 액션러닝에서 요구되는 학습자의 태도와 역할
- 액션러닝 수업의 효과
- 평가 방법 및 기준

　　이와 같은 사항들을 알려 줄 때에도 교수자가 강의식으로 전달하기 보다
는 질문이나 토의 방법으로 진행하는 것이 더욱 효과적이다. 예를 들면, 액
션러닝의 개념, 과제 수행 방법 및 절차를 알려 준 후, "이와 같은 수업에서
요구되는 학습자의 태도와 역할은 무엇일까?" "이런 수업을 하게 되면 어
떤 효과가 있을까?"라고 질문한 후 학생들에게 자신의 생각을 포스트잇에
적게 한다. 학생들이 작성한 의견을 분류하며 액션러닝의 주요 특성에 대

해 논의한다면 학생들이 액션러닝과 액션러닝이 이루어지기 위해 그들이 어떻게 참여해야 하는지에 대해 쉽게 이해할 것이다.

일반적인 수업도 그렇지만, 특히 액션러닝은 학생들의 자발적이고 적극적인 참여가 중요한 만큼 수업 초기에 분위기를 형성하는 것이 중요하다. 학생들은 일반적으로 지식 전달형의 수업보다는 토의를 비롯한 활동 지향적인 수업에 목말라 있다. 학생들에게 '이 수업은 뭔가 다르다' '활기찬 수업이 될 것 같다'는 느낌을 가지게 하면서 동기유발을 시키기 위해서는 교수자의 확신에 찬 모습을 보여주는 것이 필요하다.

학생을 대하는 교수자의 태도도 중요하다. 권위적이고 위계적인 분위기에서는 학생들의 적극적인 참여를 기대하기 어렵다. 학습자 중심으로 학습이 이루어지기 위해서는 학습자들이 의견을 자유롭게 이야기할 수 있는 친근하고 허용적인 분위기를 형성해야 한다. 이러한 분위기는 저절로 형성되는 것이 아니므로 수업 초기에 교수자가 이러한 분위기를 형성하기 위한 노력을 기울여야 한다.

먼저 교수자와 학습자들 간의 친근감을 형성하기 위해 첫 수업에 모두가 자기소개를 하는 것이 좋다. 학습자들은 액션러닝에 대한 간략한 소개를 통해 새로운 교수학습방법에 대한 호기심을 갖지만, 익숙하지 않은 강의 방식에 대한 두려움도 가질 수 있다. 따라서 교수자는 이러한 두려움을 깰 수 있도록 허용적이고 편안한 분위기를 주도하여야 한다.

교수자와 학생의 관계가 가르치고 배우는 관계가 아닌, 함께 공부하는 동료 관계임을 느낄 수 있도록 교수자가 먼저 다가가는 것이 중요하다. 자기소개는 학생과 교수자 사이에 있는 벽을 깨기 위한 첫 단계로 교수자는 자신에 대해 좀 더 솔직하게 드러낼 필요가 있다. 예를 들면, 취미, 좋아하는 영화, 과제와 관련된 경험, 흥미, 가족에 대한 소개 등을 한다. 교수자의 자기소개는 학생들에게 친근감을 형성해 주는 것과 동시에 이후 학생들이 자신에 대해 소개하는 활동의 좋은 본보기가 될 수 있다.

다음으로 학습자들 간의 자기소개다. 액션러닝이 학습자 중심으로 이루어지지만 대개 팀별 활동이 중심이 되므로 다른 팀원들과는 서먹하게 지낼 수 있다. 따라서 수강생 전체가 간단하게 자기소개를 하는 시간을 갖는 것도 바람직하다. 또한 각자 소개한 내용은 수업의 홈페이지(또는 커뮤니티, 카페 등등)를 활용하여 자신의 사진과 함께 다시 한 번 소개글로 작성하여 게시하고, 서로의 소개글을 읽고 인사글을 남기는 등의 활동을 할 수 있도록 교수자가 독려하는 것이 좋다.

2 학습팀 구성 및 팀 빌딩

1) 학습팀 구성 및 운영

액션러닝은 팀 학습 활동을 중심으로 진행되기 때문에 학습팀을 적절히 구성하는 것은 중요하다. 일반적으로 학생들은 같은 팀원들이 누구냐에 따라서도 만족도와 성취도에 크게 영향을 받으므로, 집단의 구성은 학생들에게도 교수자에게도 매우 중요하다.

일반적으로 집단 활동에 적절한 학생의 수는 4명이라고 알려져 있다. 4명의 학생으로 구성된 집단의 경우 집단의 상호작용이나 집단 구성원의 책임감, 역할 분담이 가장 적절히 이루어질 수 있기 때문이다. 하지만 학생 수가 많은 중형이나 대형 강좌의 경우 너무 많은 집단으로 구성할 경우 과제 발표나 집단 운영에 어려움이 있을 수 있으므로 한 집단당 학생 수를 더 늘려야 한다. 일반적으로 중형 강좌의 경우 집단의 수가 10조 이내로 구성되는 것이 바람직하므로, 4~6명으로 한 집단을 구성하는 것이 적절하다.

한 집단이 6명 이상이 되면 집단 구성원들 간의 상호작용에 어려움이 있을 수 있으므로 집단의 크기가 너무 커지는 것은 바람직하지 않다.

집단을 구성하는 가장 쉬운 방법은 임의로 학생들을 배정하거나, 학생들에게 같이 학습할 구성원을 선택하게 하는 것이다. 하지만 이러한 임의적인 배정 방법은 집단 활동의 공정성을 보장하지 못하고, 집단 간의 갈등을 불러일으킬 가능성이 있다.

학생들은 자신과 비슷한 친구들과 팀을 구성하려는 경향이 있는데, 이 경우 친교를 맺기는 쉽지만 서로에게 익숙하여 새로움을 경험하는 지적 발달이나 정서적 훈련 기회가 적을 수 있다. 또한 집단에서 소외되는 학생들이 나타나므로 집단 구성 과정에서 마음의 상처를 받는 경우가 생길 수 있다.

그러므로 학생들이 자율적으로 집단을 구성하는 것보다는 교수자가 집단을 구성하는 것이 더 바람직하다. 하지만 교수자가 집단을 구성하는 경우에도 임의로 집단 구성원을 배정하기보다는 사전에 학생들의 특성을 파

표 6-1 팀 편성 조사표 양식 예시

인적사항	성명:		(남, 여)	나이:
	mobile:		e−mail:	
	학과(부)		학년	
과목 및 역량 관련 정보	• 타 전공자의 경우 이수한 경영학 과목 숫자: ( ) 과목 • 액션러닝 수업 경험: 있음 ( ) 없음 ( ) • PPT 등 컴퓨터 활용 능력: 높음 ( ) 보통 ( ) 낮은 편 ( )			
DISC 진단	가장 높은 점수가 나온 두 유형은? 1. ( ) 2. ( )			
건의사항				

악하고, 협동학습에 영향을 주는 요소들을 고려하여 공정하게 구성해야 한다. 집단을 구성할 때 일반적으로 고려하는 사항은 집단의 수, 관련 교과의 성적, 성별, 학년, 전공, 학습방식 등과 같은 학습자 특성을 들 수 있다.

팀원들 간의 이질성은 과제해결에 대한 창의적 접근과 다양한 시각을 가능하게 하여 팀의 효과성과 상호 학습 측면에서 장점이 있다. 따라서 다양한 경험과 지식을 가진 참가자들로 학습팀을 구성하는 것이 바람직하다. 이를 위해, 1주차 수업에서 팀편성 조사표 등을 통해 성격ㆍ학년ㆍ성별ㆍ전공 등에 따라 학생들이 골고루 섞일 수 있도록 팀을 구성한다.

 DISC를 활용한 팀 구성

팀 구성 시 고려할 수 있는 것 중 하나는 DISC에 의한 성격 진단이다. D(dominance)는 주도형으로서, 도전적이고 성취 지향적이다. I(influence)는 사교형으로서, 관계 지향적이고 분위기 메이커 역할을 하는 사람이다. S(steadiness)는 안정형으로서, 과업 수행을 위해 타인과 협력하는 사람이며, C(cautiousness)는 신중형으로서, 분석적이고 과업 지향적인 사람이다. 이러한 다양한 성격 유형은 집단 활동에 필요한 다양성을 만들어 내며, 각 학습자의 방식에 맞는 역할 분담을 함으로써 서로의 장단점을 보완할 수 있을 것으로 기대된다.

장경원과 성지훈(2012)의 연구에 의하면 학습자들은 [그림 6-1]에 제시된 것처럼 팀 활동이 성공적으로 이루어지는 데 팀원들의 성실성, 성격, 리더십이 중요하다고 생각하고 있음을 알 수 있다. 팀원들의 성적 또는 실력, 자신과의 친분 정도, 학과, 연령, 성별은 팀 활동의 성공에 크게 영향을 주지 않는다는 것이다.

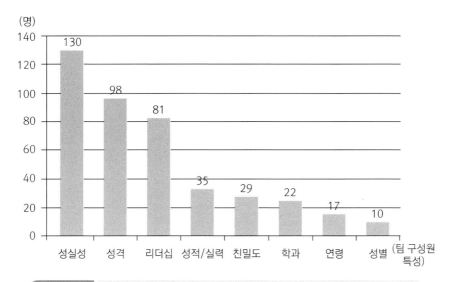

(명)

├ 성공적인 팀 활동에 기여한 팀 구성원의 특성에 대한 학생들의 인식

그러나 이 연구는 대학생을 대상으로 이루어진 결과이므로 초·중·고 등학생으로 확대 적용하기보다는 대학생들이나 성인 학습자를 대상으로 적용하는 것이 바람직할 것이다. 장경원과 성지훈(2012)은 이 연구 결과를 토대로 [표 6-2]와 같은 팀 편성 조사표 양식을 제안하였다. 이 양식에 포함된 질문들 중 ①, ②, ③의 질문에 대해서는 아마도 학습자들이 대부분 '그렇다' 또는 '매우 그렇다'라고 응답할 것이다. 이 점만 두고 보았을 때는 팀 편성을 위한 자료가 될 수 없지만, 학생들이 스스로 팀 활동에 임하는 태도를 확인할 수 있는 기회가 된다. ④, ⑤, ⑥의 질문에 대해서는 학습자들마다 다른 응답 결과와 함께 한다. 이 응답과 성적, 자료검색 능력 등의 결과를 참조하여 팀을 편성한다면 무리 없는 팀 운영이 될 것이다.

표 6-2 팀 편성 조사 양식

이름:			연락처:	
학과:	학년:		나이:	성별:
지난 학기 성적(평점):	자료검색 능력*: 상(　) 중(　) 해(　)			

질문**	전혀 그렇지 않다	그렇지 않다	보통 이다	그렇다	매우 그렇다
① 나는 주어진 역할을 충실히 수행한다.					
② 나는 과제를 위한 모임에 적극적으로 참여한다.					
③ 나는 다른 사람을 잘 배려해 준다.					
④ 나는 내 의견을 적극적으로 표현한다.					
⑤ 나는 소집단의 분위기를 즐겁게 할 수 있다.					
⑥ 나는 소집단 활동 시, 회의를 잘 진행할 수 있다.					

* 자료검색 능력은 실력의 예시 항목으로 수업 활동의 특성을 반영하여 발표력, 컴퓨터활용 능력, 프로그래밍 능력, 외국어 능력 등으로 대체 혹은 추가할 수 있다.
** 질문 가운데 ①, ②는 성실성, ③, ④는 성격, ⑤, ⑥은 리더십을 묻는 질문이다.

출처: 장경원, 성지훈(2012).

한편, 학습자들은 자신의 행동에 책임감을 느낄 때 집단 활동에 적극적으로 참여하게 되고, 무임승차를 하려는 경향이 줄어들게 된다. 개인의 책임감을 증대시키고, 참여를 촉진하는 방법 가운데 하나는 학습자들이 집단 내에서 각각의 역할을 맡는 것이다. 모든 팀원들이 참여할 수 있는 기회를 주기 위해서 모임이나 토의 때마다 각 팀원들의 역할을 바꾸도록 하는 것이 좋다. 일반적으로 집단 내에서 필요한 역할은 다음과 같다.

- 리더: 토의를 이끌고, 집단을 대표하며, 팀원들의 참여를 유도한다.
- 기록자: 토의한 내용을 기록하고, 정리한다. 집단 활동의 결과를 정리하여 제출한다.

- 발표자: 전체 토의에서 집단의 의견과 토의 내용을 발표한다.
- 관리자: 토의나 집단 활동의 시간을 관리·계획하며, 각 팀원들이 자신들의 과제나 역할을 충실히 수행하는지 점검한다.

2) 팀 빌딩

앞서 3장에서 제시하였듯이, 팀 빌딩은 매우 중요하다. 팀 빌딩을 위해 가장 기본적으로 팀 이름 만들기, 팀 구호 만들기, 모든 팀원들이 자발적으로 지키기 위한 그라운드 룰 만들기의 세 가지 활동을 한다. 팀 이름과 팀 구호, 그라운드 룰은 모두 의견 제시의 기본 방법인 명목집단법과 투표를 활용한다. 이 과정에서 학생들은 자연스럽게 여러 사람이 함께 아이디어를 제시하고 의사결정 하는 방법 및 이 방법의 강점을 습득하게 되며, 자신의 의견을 표현하는 연습 기회를 갖게 된다. 〈표 6-3〉과 같이 플립차트에 팀 이름, 팀 구호, 그라운드 룰을 작성할 수 있도록 칸을 만들어 사회자가 주도하여 팀원들로부터 의견을 수렴하여 결정한다.

표 6-3 팀 빌딩 예시

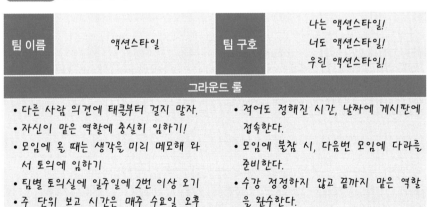

팀 이름	액션스타일	팀 구호	나는 액션스타일! 너도 액션스타일! 우린 액션스타일!

그라운드 룰

- 다른 사람 의견에 태클부터 걸지 말자.
- 자신이 맡은 역할에 충실히 임하기!
- 모임에 올 때는 생각을 미리 메모해 와서 토의에 임하기
- 팀별 토의실에 일주일에 2번 이상 오기
- 주 단위 보고 시간은 매주 수요일 오후 10시로 한다(유동성 있음).

- 적어도 정해진 시간, 날짜에 게시판에 접속한다.
- 모임에 불참 시, 다음번 모임에 다라를 준비한다.
- 수강 정정하지 않고 끝까지 맡은 역할을 완수한다.

3 | 과제해결 단계별 코칭

액션러닝에서 교수자의 역할은 코칭이다. 답을 주기보다는 적절한 질문과 코칭을 함으로써 학습자들이 스스로 과제를 해결해 나갈 수 있도록 촉진하는 데 주력해야 한다.

과제 유형마다 차이는 있지만, 일반적으로 액션러닝 단계는 크게 다음과 같은 네 단계로 구성된다.

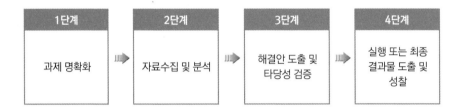

각 단계별로 러닝코치로서의 교수자의 역할을 살펴보면 다음과 같다.

1) 과제 명확화 단계

과제 명확화 단계에서는 과제의 연구 대상, 연구 범위, 목표, 최종 결과 등을 명확하게 파악하여 정의하게 된다. 과제를 명확하게 정의하면, 이후의 자료 및 정보를 수집하는 과제 연구 단계에서 무엇을 해야 할 것인지 명확해진다. 과제를 명확하게 하기 위해서는 요구사항 또는 당면 과제가 무엇인지를 파악해야 한다. 해결해야 하는 과제나 요구가 명확한 경우도 있지만, 당사자와의 면담 등을 통해 명료화해야 할 때도 있다. 어떤 경우든 과제 목표와 과제의 배경, 과제가 해결되었을 경우의 효과 등을 구체화하는 것이 필요하다.

과제를 명확하게 파악하면, 그 내용을 정리해야 한다. 이를 과제기술서라 하는데, 과제기술서는 과제의 유형에 따라 그 형식을 달리할 수 있지만 기본적으로 〈표 6-4〉와 같은 구성으로 작성할 수 있다.

표 6-4 과제 선정을 위한 과제기술서 양식

과제명	
팀 이름	
팀 구성원	
과제 선정 배경	
도출할 결과물 (해결 후 목표 상태)	

과제 선정의 최종 판단은 교수자가 한다. 학습자들이 과제의 대상 및 목표 결과물 등을 과제기술서에 작성하여 제출하면, 교수자는 이에 대해 과제의 범위 및 목표가 적절한지에 대해 의견을 제시한다. 이때, 교수자는 적절한 질문과 코칭으로 과제의 난이도를 조절할 수 있다. 예를 들어 학생들이 선택한 과제의 수준이 너무 높거나 방대할 경우, "그 가운데에서 가장 관심이 가는 부분이 무엇인가요?" "가장 중요하다고 생각되는 요인이 무엇인가요?" 등의 질문을 통해 과제의 난이도를 낮추거나 과제 범위를 축소한다. 반면, 과제의 수준이 너무 낮다고 판단되는 경우, "다른 측면은 없을까요?" "또 무엇을 더 알아볼 수 있을까요?" 등의 질문을 던져 난이도를 적절한 수준으로 높이거나 과제 범위를 좀 더 확장시킬 수 있을 것이다.

앞서 언급하였듯이, 액션러닝에서 최종 결과물은 학습자들이 성취감을 느낄 수 있도록 구체적이고 눈으로 확인할 수 있는 것(tangible)이어야 한다. 최종 결과물과 발표 형태를 결정하는 것도 중요한 학습의 소재이므로, 교수자가 지시하기보다는 질문을 통해 학습자들이 결과물을 표현할 수 있도록 촉진하는 것이 좋다. 예를 들면, "여러분이 과제를 잘했다는 것을 어떻게 또는 누가 확인할 수 있을까요?" "여러분의 과제물에 대해 성취감을 느낄 수 있으려면 최종 결과물이 어떻게 표현되거나 발표되면 좋을까요?" 등의 질문을 하여 학습자들이 구체적이고 눈으로 확인할 수 있는 형태의 결과물을 떠올릴 수 있도록 한다. 이 과정에서 결과물에 대한 피드백을 누구에게 받아야 하며, 발표가 어떤 형태가 되어야 할지에 대해서도 학습자들은 자연스럽게 스스로 답을 떠올리게 된다.

창조 · 개발형의 과제인 경우, 어떤 형태의 결과물을 만들 것인지에 관한 선택은 학생들에게 맡기기보다는 교수자가 해야 할 것이다. 그러나 처음부터 교수자가 지시하기보다는 질문을 통해 어떤 결과물을 만들게 되면 학습목표를 실현할 수 있는 학습이 이루어질 것인지 학생들이 스스로 생각하게 하는 것이 바람직하다. 예를 들어 사회복지과목의 경우, "여러분이 어떤 결과물을 만들게 되면 그 과정에서 ~와 같은 학습목표를 달성할 수 있을까요?" 또는 "어떤 경험을 하면 이러한 학습목표를 달성하는 데 도움이 될까요?"라는 질문과 함께, "그러한 경험을 어떤 결과물로 나타낼 수 있을까요?"라는 질문을 통해 학생들이 해야 할 액션러닝 과제를 자연스럽게 도출할 수 있을 것이다.

과제 명확화를 위한 교수자의 코칭 사례

학습팀: 저희 팀은 ○○마트에 대해 연구하고 싶습니다.

교수자: ○○마트에서 여러분이 연구하고 싶은 주제는 무엇이죠?

학습팀: 직원들의 업무 동기에 대해 연구하고 싶습니다.

교수자: 구체적으로 어떤 직원들의 업무동기에 대해 관심이 있는 건가요?

학습팀: 제가 지금 ○○마트에서 아르바이트하고 있는데요, 판매 직원들이 별 의욕도 없어 보여요. 주인의식도 없고……. 그래서 그들의 판매 동기 향상 방안에 대해 연구하고 싶습니다.

교수자: 아, 판매 직원들의 업무 동기 향상 방안이요? 좋아요. 여러분의 그 방안이 실질적으로 효과가 있고 잘했다는 것을 어떻게 알 수 있을까요?

학습팀: 우리의 제안대로 했더니 예전보다 더 열정적으로 일하는 모습이 달라진 모습 아닐까요?

교수자: 그것을 어떻게 확인할 수 있을까요?

학습팀: 음……, 판매 직원들에게 직접 물어보면 되지 않을까요?

교수자: 또 다른 방법은?

학습팀: 관리자에게 의견을 물어봐도 될 것 같아요. 우리의 제안이 효과가 있는지, 아니면 어떤 변화가 있는지에 대해서요.

교수자: 좋아요. 그럼 여러분 과제의 최종 산출물은 어떻게 표현하면 좋을까요?

학습팀: '○○마트 판매 직원들의 업무 동기 향상'이요.

2) 자료수집 및 분석 단계

과제의 범위와 결과물에 대한 명확한 계획이 세워지면 결과물 산출을 위한 연구를 하게 된다. 이때 가장 먼저 할 일은 연구 계획을 세우는 일이다. 〈표 6-5〉와 같이 학습자들은 주어진 기간 안에 단계별로 해야 할 일들과 결과물을 나열하는 식으로 결과물 프로세스를 효과적으로 작성할 수 있다.

표 6-5 결과물 프로세스 양식

단계	기간(일시)	해야 할 일	결과물

표 6-6 결과물 프로세스 예시: 대학 축제에서 주막 운영

단계	기간 (일시)	해야 할 일	결과물
기획	4/12~4/15	기획 회의	기획안
메뉴 선정/아이디어 개발	4/16~4/18	아이디어 도출 미팅	메뉴, 아이템 및 홍보 아이디어
시장조사, 고객욕구 분석	4/19~4/23	전문가 및 경험자 인터뷰, 설문조사, 인터넷 검색	시장조사 결과, 욕구분석 결과
최종 아이템 선정	4/24~4/25	아이템 선정 미팅	판매 아이템 선정, 판매 전략
물적 자원 선정 및 확보	4/26~4/30	총학생회 방문, 장보기 등	장소 섭외, 물품 확보, 예산 확보, 음식/주류확보
홍보 및 준비 완료	5/1~5/5	홍보 자료 제작, 기타 준비	홍보 전략, 준비 완료

두 번째, 결과물 프로세스가 만들어지면 과제해결에 필요한 자료 수집을 비롯한 연구 활동을 해야 한다. 이때 어떤 자료와 정보를 수집할 것인지 결정해야 한다. 물론 과제명과 과제에 대한 배경만으로도 무엇을 조사할 것인지 어느 정도는 계획할 수 있다. 혹은 일단 관련된 자료는 모두 수집한다는 목적하에 역할분담을 할 수도 있다. 그러나 조금 더 논리적으로 무엇을 조사할 것인지 결정한다면 꼭 필요한 자료와 정보만을 수집할 수 있어 시간과 노력을 효율적으로 사용할 수 있을 것이다. 제4장에서 소개한 도구들이 자료와 정보 수집을 효과적으로 수행하는 데 도움이 될 것이다.

이 단계에서도 교수자는 자료 수집을 어떻게 해야 할 것인지에 대해 직접 알려 주기보다는 적절한 질문을 통해 학습자들이 스스로 연구 계획 수립과 연구 활동을 할 수 있도록 돕는 촉진자로서의 역할을 해야 한다. 예를 들면, "여러분이 원하는 자료나 정보를 어디서 얻을 수 있을까요?"라는 질문을 던지고, '현장방문'이라는 대답이 나오면, "현장방문 시 조사할 항목에는 어떤 것들이 있을까요?" "인터뷰 대상자를 만나서 얻고자 하는 핵심 포인트 세 가지는 무엇인가요?" 등의 질문을 통해 학습자들이 적절한 계획을 세우도록 하는 것이다.

연구 활동 계획이 이루어지면 팀원들 간에 합리적인 역할 분배가 이루어져야 한다. 학습자들이 공평하게 역할을 분배하고 무임승차자가 발생하지 않도록 〈표 6-7〉과 같이 역할 분배계획을 세우는 것이 바람직하다.

표 6-7 역할 분배계획 예시

담당자(가명)	항목	담당 역할	기한	산출물
김하늘	물품 구입	시장 조사 및 구입	5월 10일	기자재
박영철	정보 수집	전문가 인터뷰, 고객 설문조사	5월 15일	정보 분석 결과
이민영		관련 문헌조사	5월 15일	정보 분석 결과
정진영	예산 확보	광고주 섭외	5월 20일	광고주 확보

조사 후에는 다시 "여러분이 수집한 자료에서 과제해결과 관련하여 가장 중요한 시사점은 무엇인가요?" "○○(예: 담당 직원)와/과의 인터뷰에서 배운 점은 무엇인가요?"라는 질문을 통해 학습자들이 연구 활동 결과를 정리하고 분석할 수 있도록 코칭해야 한다.

3) 해결안 도출 및 타당성 검증 단계

연구 활동을 통해 자료와 정보가 수집되면, 이를 바탕으로 해결안을 도출해야 한다. 이 과정에서 아이디어 개발은 앞서 설명한 다양한 아이디어 발산 기법들을 활용할 수 있다.

해결안 도출 과정에서 가장 중요하게 고려해야 하는 것은 '구체성'이다. 문제해결형 과제인 경우, 과제의 해결을 위해 누가 누구를 대상으로, 또는 언제부터 언제까지, 누구부터 할 것인가, 무엇을 할 것인가 등을 구체적으로 결정하는 것이 필요하다. 학습팀이 제안한 해결안을 옮기는 데 소요될 비용과 인력, 설비 등을 최대한 상세하게 제시할 수 있다면 더욱 좋을 것이다.

교수자는 학습팀의 방안이 보다 실현 가능성을 갖출 수 있도록 적절한 질문을 통해 촉진한다. 예를 들면, "그것을 실행한다면 어떤 장애요인을 예상할 수 있을까요?" "그 장애요인을 어떻게 극복할 수 있을까요?" 등의 질문들이다.

학습팀이 제시한 과제해결 방안의 타당성을 검증하기 위해 다음과 같은 네 가지 정도의 방법을 사용할 수 있다.

첫째, 가장 좋은 방법은 그 방안을 직접 실천해서 팀원들이 과제기술서에 제시한 것처럼 바람직한 결과가 나왔음을 보여 주고 그 결과를 보고서에 그대로 기술하는 것이다.

둘째, 파일럿 테스트다. 과제의 성격상 해결안을 실행에 옮기는 데 많은 시간과 비용이 필요하다면, 그 방안의 일부를 파일럿 테스트를 통해 실행에 옮긴 다음, 그 결과를 근거로 학습팀이 도출해 낸 방안이 타당했다고 말할 수 있다.

셋째, 만약 파일럿 테스트를 하는 것이 어렵다면 학습팀이 제시한 해결안을 외부 전문가나 과제 관련자에게 보여 주고 그들의 의견을 수렴하는 방법을 통해 타당성을 검증할 수도 있다.

넷째, 구체적인 증거 없이 방안 또는 결론을 제시한 경우, 방안 또는 결론에 내포되어 있는 그들의 가정이 옳다는 것을 질문을 통해 확인하는 방법이다. 파일럿 테스트나 전문가 의견을 수렴한 경우라도 다시 한 번 질문을 통해 교수자는 학습팀에게 결론의 타당성을 검증하게 해야 한다. 예를 들면, "그러한 결론이 기초로 하는 가정은 무엇이죠?" "그 가정이 옳다는 것을 어떻게 알죠?" 등의 질문을 통해 학습팀이 결론의 타당성과 설득력을 높이기 위해 무엇을 해야 하는지 깨닫게 할 수 있다.

가정과 추론의 검증

어떤 일을 추진하거나 결론을 내릴 때 그 속에 내재된 가정과 추론을 확인하지 않으면 엉뚱한 결과를 가져올 수 있다. 예를 들면, 어버이날에 장미 12송이를 주문해 어머니께 보냈지만 얼마 후 어머니로부터 카네이션 잘 받았다는 전화를 받고 놀라는 경우다. 꽃가게 주인은 어버이날이니 당연히 카네이션일 것이라는 가정을 내리고 주문을 받은 것이다.

이런 문제는 프로젝트나 과업에서 흔히 발생한다. 결과물이 어떠해야 한다는 가정을 명확하게 하지 않거나, 자신의 가정이나 예측을 확인 또는 검증하지 않았기 때문이다. 다음 사례를 보자.

사례: 우리 팀은 제주도의 지역 음식 마케팅 전략을 수립하려 한다. 마케팅 대상 음식으로는 제주도의 대표적인 먹거리인 옥돔으로 정했다. 우리의

방안은 전국의 파워 블로거 10명을 제주도에 초청해서 이들에게 옥돔을 맛보게 한 후 옥돔 선물을 주자는 것이다. 파워 블로거들의 파급력은 강력하기 때문에 이들을 활용하면 매우 효과적인 홍보효과가 있을 것으로 기대한다.

이 사례에서 학습팀이 가진 가정 또는 추론은 무엇이었는가?

• 학습팀의 가정들
 − 파워블로거들은 옥돔을 좋아할 것이다.
 − 이들을 초대하면 제주도에 올 것이다.
 − 이들은 자신들의 블로그에서 옥돔에 대한 내용을 광고해 줄 것이다.

4) 실행 또는 최종 결과물 도출 및 성찰 단계

타당성 검증 결과를 바탕으로 최종 방안이나 결과물이 완성되면 과제 스폰서에게 보여 주고 최종 피드백을 받도록 한다. 방안이나 결과물을 실행에 옮기게 되면 그 결과물에 대한 정성적·정량적 효과 등을 분석해야 한다. 그러나 현실적으로 이러한 과정을 거치기 어려운 경우, 과제 보고서를 스폰서에 보고하고 피드백 받는 것까지를 목표로 해야 할 것이다.

실행 또는 최종 결과물 도출 후, 학습자들이 그동안의 활동에서 배우고 느낀 점 등을 성찰하게 하고 수업 시간에는 다른 학생들과 공유하는 시간을 갖는다. 이때 교수자는 다음과 같은 질문들로 학습을 촉진할 수 있다.

• "과제를 수행하면서 무엇을 배웠나요?"
• "그 대안이 어떤 점에서 실질적으로 도움이 될 것이라고 생각합니까?"
• "이 과제를 다시 시작한다면 바꾸고 싶은 점은 없나요?"

- "만약 ~이라면, 어떻게 하겠습니까?"

4 최종 결과물 발표와 평가 및 학습결과 정리

1) 최종 결과물 발표

과제가 완성되면 이를 발표하는 시간을 갖게 된다. 일반적으로 발표는 팀에서 정한 한 명의 학습자가 맡는 경우가 많은데, 이렇게 하면 발표자만 열심히 준비하게 된다. 모든 팀원들이 과제에 대한 충분한 이해와 학습을 하게 하려면 전원이 발표를 하도록 하고, 그 순서는 교수자가 발표 날에 임의로 정한다. 그렇게 하면 누가 어느 부분을 발표하게 될지 모르므로 학습자들은 모든 내용을 숙지하고 준비하게 될 것이다.

발표 내용에 대한 평가는 교수자뿐만 아니라 다른 학습자들에 의해서도 이루어진다. 학습자들은 다른 팀을 평가하는 과정에서 다른 팀의 발표 내용에 보다 집중하는 학습 분위기가 이루어질 수 있다. 또한 이렇게 교수자 외에 동료 학습자들의 평가도 반영하면 팀 평가의 공정성을 높일 수 있다.

(1) 평가 대상

액션러닝은 지식의 습득뿐만 아니라 과제해결 능력, 협동학습 능력, 자기주도적 학습능력, 의사소통 능력과 같은 다양한 능력을 육성하는 것을 목표로 한다. 따라서 과제의 결과뿐만 아니라 과제해결 프로세스도 평가에 반영되어야 한다.

액션러닝에서의 평가는 크게 학습내용 평가와 학습과정 평가로 나눌 수 있다. 평가 내용은 과제의 성격에 따라 다를 수 있으나, 일반적으로는 〈표 6-8〉과 같은 부분에 초점을 둘 수 있다.

표 6-8 액션러닝에서의 평가

평가의 초점	평가 내용
학습내용	전문지식의 습득 과제의 완성도 과제해결 능력
학습과정	노력과 참여도 수준 과제해결 프로세스 협동학습 능력

(2) 평가 주체

액션러닝에서는 평가의 주체가 학생 자신, 동료, 교수자로 다양하다. 과제를 완성하는 데에도 팀원들 간의 공헌도에 차이가 있을 것이다. 이런 차이를 반영하지 않으면 무임승차자도 발생할 수 있고 노력한 학습자들은 불공평하다고 생각할 수 있을 것이다. 따라서 팀 내에서는 팀원들의 공헌도를 자신을 포함하여 상호 평가하게 하는 것이 좋다. 과제에 대한 공헌도는 교수자보다 같은 팀의 구성원들이 더 정확하게 평가할 수 있다.

평가할 때 교수자는 잘못된 것을 지적하는 데 초점을 두기보다는 학생들에 대한 유익한 피드백 제공이나 격려에 초점을 두는 것이 바람직하다. 강의식 수업에 익숙한 학습자들에게 액션러닝은 많은 시간과 노력이 필요한 수업 방식이다. 따라서 교수자의 적절한 격려와 칭찬이 필요하다. 격려와 칭찬은 조별 토의 시 또는 온라인 공간에 작성된 학습자들의 게시글에 대한 교수자의 답변 등으로 이루어질 수 있지만, 학습자들에게 가장 크게 동기부여를 할 수 있는 것은 최종 결과물에 대한 평가를 통해서다. 물론 학생들의 결과물은 격려와 칭찬을 충분히 제공할 만한 만족스러운 경우도 있지만, 그렇지 않은 경우도 있다. 이때 잘못된 부분과 개선할 부분을 지적하는 것과 함께 잘못된 사례를 통해 배울 수 있는 것을 교수자가 제시해 주는 것이 바람직하다.

학습은 반드시 성공적인 해결안을 제시했을 때에만 이루어지는 것은 아니다. 학습자들이 완성한 최종 결과물이 어떠한 수준으로 이루어지건 간에 거기에서부터 학습자들이 배웠을 경험과 지식에 대해 격려하고, 그들의 학습활동에 격려와 지지를 보내는 것이 필요하다. 그래서 예를 들어 부정적 피드백이라도 "이것이 잘못되었다."라는 지적보다는 "이것만 이렇게 했으면 정말 최고인데……."라고 말한다면, 학생들은 기꺼이 그 지적을 받아들일 것이다.

🖱️ 팀 과제 평가 예시

• 평가 대상 팀:

1. 보고서의 질: (   )점

가능 점수	기준
9~10	• 내용의 논리적 전개가 매우 우수 • 원인 분석과 해결 방안이 매우 타당성 있음 • 이론과의 연계성이 설득력을 갖춤 • 발표 내용이 학습에 많은 도움이 됨 • 창의적이고 사려 깊은 성찰 • 상당한 노력의 흔적이 보임
7~8	• 내용의 논리적 전개가 우수 • 원인 분석과 해결 방안이 비교적 타당성 있음

	• 이론과의 연계성이 인정됨 • 발표 내용이 학습에 다소 도움이 됨 • 기본적인 수준의 성찰 • 노력의 흔적이 보임
5~6	• 내용 전개의 논리성이 부족 • 원인 분석과 해결 방안의 타당성 부족 • 이론과의 연계성이 자연스럽지 않음 • 발표 내용이 학습에 별 도움이 되지 않음 • 제한된 수준의 성찰 • 노력과 성의 다소 부족
1~4	• 어떤 최소 요구 조건에도 부합하지 않음
구체적인 의견	

2. 개인별 프레젠테이션

가능 점수	기준
4~5	• 내용의 중요도에 따라 발표 시간이 적절하게 배분되었다. • 청중이 이해하기 쉽게 내용이 매우 명확하고 효과적으로 전달되었다. • 발표 내용을 충분히 이해하고 있다. • 발표하는 태도에 진지함과 열정이 넘쳤다.
2~3	• 내용의 중요도에 따라 발표 시간이 무난하게 배분되었다. • 청중이 대체로 이해할 수 있는 수준으로 내용이 전달되었다. • 발표 내용을 이해하고 있다. • 발표하는 태도에 진지함과 열정이 다소 보였다.
1	• 위의 수준에 모두 미흡하였다.

발표자	의견(발표에서 가장 잘 된 부분과 발표를 향상시키기 위한 제안 등)	점수

• 평가자 (번호: 이름:)

팀원 활동 평가표 예시

• 분반: 팀 이름: 수업번호: 이름:
• 발표일: 년   월   일

* 다음 항목별로 각 개인의 활동 내용을 평가하세요.
   (매우 우수 = 5, 우수 = 4, 보통 = 3, 부족 = 2, 매우 부족 = 1)

내 용	팀원 이름(자신 포함)			
문제의 해결안을 성공적으로 개발하는 데 공헌하였다.				
팀의 의견을 모으는 데 공헌하였다.				

아이디어 도출 시 좋은 의견을 제시하였다.				
의사결정 시 논리적 의견을 제시하였다.				
과제 수행에 많은 노력을 보였다.				
양질의 정보를 찾아 제공하였다.				
다른 팀원들과 협력하였다.				
리더십을 발휘하였다.				
유용한 피드백으로 다른 팀원들을 격려하였다.				
모임 참석 수준 (참석 100%=5, 1번 불참에 1점씩 감점)				
점수 합계				
전반적인 개인별 공헌도(합계=100%)				

팀원별 세부 공헌 내용	

* 팀원 평가시 담합 또는 동료 간에 갈등이 발생하거나 공정한 평가가 이루어지기 어렵다고 판단될 때는 팀원 공헌도 평가 결과를 개별적으로 봉투에 넣어 봉인한 후 제출하게 할 수도 있다.

2) 학습결과 정리

학습팀별로 과제 발표가 끝난 후 교수자는 과제에서 중요하게 다루어졌어야 하는 개념, 원리, 절차, 이론 등에 대해 전체적인 그림을 그려 줄 수 있는 정리와 요약을 해 준다. 이때에도 교수자가 설명 위주로 진행할 것이 아니라, 질문을 중심으로 수업을 이끌어야 한다. 예를 들면, "과제를 해결하기 위해 무엇을 학습했나요?" "(그러한 경험을 통해) 우리가 배울 점은 무

엇인가요?" "이 과제를 다시 시작한다면 바꾸고 싶은 점은 없나요? 그 이유
는 무엇인가요?" 등의 질문을 통해 학습자들이 스스로 학습한 것을 체계적
으로 정리하고 발전시키도록 촉진한다.

📤 질문을 활용한 학습결과 정리 예시

어떤 학습팀이 작은 중소기업을 연구한 후 그 회사의 사장에게 변혁적 리
더십(카리스마, 지적 자극, 배려 등이 내포된 개념)이 필요하다는 요지의 결과
보고서를 발표하였다. 교수자는 그 내용을 듣고, 다음과 같은 질문을 던졌다.

교수자: 만약 여러분이 그 회사 사장이라면 어떻게 하겠어요?
학　생: (잠시 생각한 후) 목표를 주고 제대로 달성하지 않으면 자르겠습
　　　　니다.
교수자: 왜 그렇게 생각하죠?
학　생: 그곳 직원들이 기본적으로 목표의식이 없고 느슨하더라고요. 뭔가
　　　　강력한 조치가 필요하다고 느꼈습니다.

이러한 의견은 조금 전 발표한 '변혁적 리더십'과는 상반되는 내용이었
다. 아마도 변혁적 리더십이 대표적인 리더십으로 책에서 소개되어 그 내
용을 제시한 듯 보인다. 그러나 사장의 입장에서 생각하게 한 '만약 ～라면'
의 교수자의 질문은 학생의 관점을 완전히 바꾼 것이다.

---

3) 성찰 보고서 작성

학습결과의 정리는 교수자의 강의뿐만 아니라 학생들이 작성하는 성찰
보고서를 통해서도 이루어진다. 학생들은 성찰 보고서를 통해 과제해결 과
정에서 무엇을 배웠는지, 어떤 과정을 통해 학습했는지, 학습한 내용을 자
신의 생활, 학문, 실제 상황에 어떻게 적용할 것인지에 대해 작성하게 된

다. 이렇게 작성된 성찰 보고서를 통해 학습자들은 자신의 학습을 다시 한 번 정리할 수 있는 기회를 갖게 되며, 교수자는 학습자 개개인의 학습 정도를 파악할 수 있는 평가 도구로 활용할 수 있다.

성찰 보고서는 학습자들이 자신의 생각이나 느낌을 자유롭게 서술하게 할 수도 있고, 〈표 6-9〉처럼 양식을 제공할 수도 있다.

학생들이 성찰 보고서를 제출하면 교수자는 피드백을 제공하는 것이 좋다. 피드백의 내용은 잘못 이해하고 있는 개념을 정정하는 설명, 학생 의견에 대한 교수자의 의견(설명, 격려, 질문 등), 그리고 과제해결자로서의 학습자의 역할 및 태도에 대한 의견을 제시한다.

표 6-9 성찰 보고서 양식

성찰 보고서

학번 (   )   이름 (   )

1. 어떤 과정을 통해 무엇을 배우고 느꼈는가?

2. 학습한 것을 어디에 적용해 볼 수 있는가?

3. 배운 것을 나의 일, 생활, 공부에 어떻게 적용할 것인가?

4. 나와 우리 팀원의 기여도는 어떠했는가?

성찰 보고서 사례 1

경기대학교 교육방법 및 교육공학 수강생 성찰 보고서

1. 무엇을 배웠는가?

첫째, 교수자가 수업을 준비하기 위해서 거치는 단계들, 즉 분석 → 설계 → 개발 → 평가의 과정에 대한 이해를 했다. 그중에서도 수업을 설계하기 전 학습자, 학습 환경, 학습내용을 분석하는 것이 얼마나 중요한지에 대해서 알게 되었다.

둘째, 팀 학습기술을 알게 되었다. 팀 학습을 많이 해 왔지만 팀 학습을 하는 방법 이나 기술 - 본격적인 회의 진행에 앞서 꼭 필요한 '아이스 브레이크'나 모든 구성원 을 적극적으로 참가하게 하고 토의 시간을 절약하게 해 주는 회의 방법 중에 하나인 '명목집단법' 등 - 에 대해서는 능숙하지 못했던 것 같다. 하지만 교수님께서 알려 주신 방법대로 팀 모임을 하니 효율도 높았고, 모든 팀원들의 참가를 끌어낼 수 있었다.

셋째, 교수자로서 가져야 하는 마음가짐, 대학 수업의 보완할 점, 교수자 다운 교수 님을 알게 되었다. ○○학과 ○○○ 교수님과의 인터뷰를 통해 멀게만 느껴졌던 교수님들이 조금은 친근하게 느껴졌고 그분들의 학생들에 대한 관심, 열정 그리고 우 리에 대한 자부심까지도 알게 되어 뿌듯했다. 그리고 수업 참관과 팀원들끼리의 연 구를 통해 작게는 클라이언트 교수님인 ○○○ 교수님 수업의 보완할 점, 크게는 현 대학 수업의 보완점에 대해서 생각해 본 기회를 가질 수 있었다.

넷째, 문제해결 능력을 키울 수 있었다. 이 부분이 1차 발표 준비를 통해 얻은 것 중 가장 값진 것이라고도 할 수 있겠다. 교수자가 수업을 준비하는 일련의 과정들을 학 습했는데, 이를 수업뿐 아니라 우리 일상 생활의 모든 분야에 적용하여 어떤 일을 만 나든 효율적으로 해결할 수 있는 문제해결 능력을 키울 수 있었다.

2. 어떤 과정을 통해 배웠는가?

① 수업 → ② 개별 공부 → ③ 팀 공부 → ④ 인터뷰 → ⑤ 분석 → ⑥ 발표

① 수업을 통해 대략적인 내용을 학습했다. 특히 앞에서 언급한 '팀 학습기술'이 나 몇 가지 개인적으로 흥미가 있고 또 도움이 컸던 비디오 시청을 함으로써 과목 에 대한 흥미를 가질 수 있었다.

② 수업 내용 중 이해가 더 필요한 부분과 앞으로의 팀 학습을 위해 조원들에게 설명을 해 주기 위해 개별 공부를 하였다.

③ 수업 내용에 대한 정리와 거기에 대한 팀원들의 아이디어를 모으고 프로젝트의 담당 교수님이신 ○○○과 ○○○ 교수님의 인터뷰를 했다.

④ ○○○ 교수님의 인터뷰를 통해 학생들 설문지의 질문을 보충하고 우리 조의 프로젝트 주제-효과적인 피드백 방법-를 정했다.

⑤ 학생들의 설문지와 ○○○ 교수님의 요구사항 그리고 과목 특성을 분석하여 팀 프로젝트 중의 '분석-설계' 부분을 완성했다.

⑥ 발표 준비를 통해 부족한 부분을 보충하고, 팀원끼리의 의견 교환을 통해 '분석-설계' 부분에 대한 이해를 도왔다.

3. 배운 것을 나의 일, 생활, 공부에 어떻게 적용할 것인가?

우선 당장 있을 교생실습 때 당황하지 않고 절차에 따라 효과적으로 설계를 할 것이고, 대학에서의 팀 학습이나 사회에서의 팀 업무를 할 때도 보다 능숙하게 할 수 있을 것이다.

4. 나와 우리 팀원의 기여도는 어떠했는가?

교직수업 팀 학습은 평균적으로 타 수업에 비해 적극적이지만 이 수업만큼 조원들의 참여도가 높았던 적은 없었던 것 같다. 제일 좋았던 건 모든 조원들이 잘할 수 있는 분야가 달라 서로 부족한 부분을 채워 주고 다른 조원들로부터 많은 것을 배울 기회가 주어졌던 것이다(이 부분은 조를 나눌 때에 우리를 분석하고 조를 편성해 주신 교수님께 감사드려야 할 거 같다).

이런 조원들 덕분에 나도 팀장으로서의 역할을 해 내기가 수월했다. 회의를 할 때 팀원들이 아이디어를 많이 낼 수 있도록 먼저 의견을 내며 분위기를 만들고, 역할을 분담할 때도 책임감을 가질 수 있게 자발적으로 참여하도록 유도했다. 은현(가명)이는 취업을 한 관계로 주중에 회의는 자주 참석하지 못했지만, 간식을 준비하거나 회의 시간에 아이디어를 활발하게 내고 분담 과제를 성실하게 잘했다. 미화(가명)는 나와 함께 첫 번째 발표를 담당하여 ○○○ 교수님 인터뷰를 하였고, 우리 조에서 출력하는 모든 발표 자료나, PPT는 미대라서 미화가 밤샘 작업까지 하면서 마무리를 잘해 주었다. 동진(가명)이는 팀원들이 개별적으로 공부한 내용을 정리해 주었고, 발표

PPT 내용의 틀을 만들었다. 지원(가명)이는 설문지의 모든 내용을 그래프로 나타내고, 이를 분석하여 조원들에게 설명을 해 주었다. 한길(가명)이는 의욕이 넘치고 항상 적극적인 태도로 팀원들에게 활력을 줄 뿐만 아니라 팀 역할 중 힘든 부분들을 항상 먼저 도맡아 했다. 조원 모두들 각자의 상황에서 최선을 다해 주어 발표 결과도 만족하고 앞으로 있을 2, 3차 발표 준비도 기대가 된다.

성찰 보고서 사례 2

전북대학교 조직행동론 수강생 성찰 보고서

1. 어떤 과정을 통해 무엇을 배우고 느꼈는가?

직접 사장님을 만나 인터뷰를 해 보니 예상 외로 현장에서는 이론과 다른 점이 많았다. 우리는 산학협력생들에게 명찰을 제시하여 소속감을 부여한다는 대안을 제시했지만, 사장님은 그렇게 되면 손님들이 직원에 대한 신뢰도가 떨어질 수도 있을 것이라고 하셨다. 그 외에도 사업에서 지켜져야 할 사업상 프라이버시나, 산학협력이 아닌 정직원에 대한 대우가 현실적으로 다를 수밖에 없다는 사실은 우리가 제시한 대안이 얼마나 협소하고, 경영자의 입장에서 구체적으로 생각하지 못한 것인지 알게 했다. 조직의 문제를 해결하는 것은, 특히 사람에 대한 문제는 민감하고, 조심스럽게 다루어져야 할 부분이라는 것을 느낄 수 있었다.

전국 체인의 큰 규모의 식당을 경영하시는 사장님은 '관리'의 중요성을 강조하셨다. 경영에서 활용할 수 있는 것—우선적으로 주어진 자원—에 대한 관리가 철저해야 한다는 것이다. 또한 무엇보다 외식업에 대해 '발로 뛰는 경영'이라고 하시면서 현장을 강조하셨다. 이러한 사장님의 경영철학은 경영학을 공부하는 나에게 실제 현장의 중요성을 느끼게 했다.

조직의 문제가 처음에는 사소한 경우에도, 문제점으로 인해 파생되는 감정이 사람 간의 갈등을 심화시키기도 하고, 문제점 자체가 커지는 경우가 있을 수도 있겠다는 생각을 해 보았다. 이런 경우 무엇보다 당사자의 의견이 중요하고, 조율하는 역할이 특히 중요할 것 같다. 조직의 문제는 특히 '사람 문제'이기 때문에 같은 사례가 없다. 따라서 이론을 적용하는 과정에서 같은 이론이라 하더라도 각 상황에 맞고 융통성 있게 적용해야 한다는 것을 배울 수 있었다.

2. 학습한 것을 어디에 적용해 볼 수 있는가?

내가 생각하는 해결책은 '대화'다. 잘 생각해 보면 우리 주변에 존재하고 있는 조직들, 가족, 친구 모임, 학교에서 짜 주는 조 모임 그리고 향후 내가 들어갈 직장에서 갈등이 발생했을 때 가장 필요한 것은 대화를 통해 문제점을 파악하고 해결하는 것이다. 정말 간단한 것 같지만 제대로 이루어지지 않는 것이 현실이다. 학교에서 짜 주는 조 모임을 할 때만 봐도 문제가 심각하다. 서로가 인상 찌푸리는 상황이 와도 절대 말하지 않고 그냥 내가 참고 지나가면 된다고 서로 생각한다. 고인 물이 썩듯이 이러한 갈등이 심화되면 조직의 성과에 영향을 줄 수가 있다. 이때 중요한 것은 리더의 역할이라고 생각한다. 갈등이 심화됨을 감지하면 리더는 이를 해결하기 위해 구성원들과의 대화로 문제점을 파악하고 함께 풀어 나가도록 조직을 이끌어 가야 한다. 이렇게 하면 조직뿐만 아니라 구성원 모두가 원하는 목표를 달성할 확률이 높아질 것이다. 이러한 경험들이 지속적으로 축적이 되면 어떤 조직에서 어떤 문제가 발생해도 유연하게 대처할 수 있는 능력이 생길 것 같다. 나아가 미래에는 ○○사장님처럼 전문가가 되면 나의 부하 직원들에게 피드백을 진지하게 제공해서 직원들과의 관계도 돈독히 하고 조직의 성공을 이끌어 가는 방법을 남들보다 빨리 터득할 수 있을 것이다. 그리고 나 혼자만의 Ground Rule을 정해 놓는 것도 좋을 것 같다. 인간관계에서의 나만의 rule 또는 목표를 향한 나만의 rule을 세우면, 사람에 대한 실망과 인간관계에서 어려움을 느꼈을 때, 목표를 향해 가다가 좌절하게 됐을 때 다시 일어날 수 있는 힘을 제공할 것이다.

액션러닝 수업 포트폴리오:
'교육방법 및 교육공학' 수업 운영 사례

종종 수업 운영 결과를 기록으로 남겨두어야 하는 경우가 있다. 보통 이런 경우 수업 포트폴리오를 작성하게 된다. 수업 포트폴리오는 수업에 대한 교수자의 생각, 수업 설계 과정, 수업 운영 내용, 학습자들의 의견이 포함된 것으로 액션러닝으로 수업을 운영한 결과를 다음의 양식으로 작성한다면 훌륭한 보고서 또는 자기성찰의 기회가 될 것이다.

I. 강좌 소개

교육방법 및 교육공학은 교원자격증 취득에 필요한 교직과목 중 하나로 수강생들의 대부분은 교사가 되길 희망한다. 따라서 이 과목은 예비교사를 양성하기 위한 과목이라고 할 수 있다. 본 강좌에 대해 학생들이 가지고 있는 생각은 다양한데, 그 중 가장 큰 오해는 '컴퓨터 혹은 인터넷을 이용해 수업하는 것과 관련되어 있으므로 컴퓨터를 잘 할 수 있어야 수강할 수 있는 과목'이라는 것이다. 물론 컴퓨터나 인터넷을 활용하는 수업 전략을 주요 내용 중 한 부분으로 다루지만, 본 강좌에서 강조하고 한 학기 동안 함께 고민하는 핵심 질문은 '어떻게 가르칠 것인가?'이다. 많은 경우 학생들은 '잘 가르치는 것'에 대해 쉽게 생각한다. 교사가 하는 일을 오랜 시간 학생의 입장에서 지켜보았고 전공영역에 대한 지식을 갖고 있으므로 막연히 잘 가르치는 훌륭한 교사가 될 수 있으리라 생각한다. 그러나 가르치는 일은 쉽지 않다. 또한 우리에게 익숙한 교사가 학생들에게 일방적으로 지식을 전달해 주는 교수방법은 더 이상 효과적이지 않다. 좋은 수업이 되기 위해서는 교사가 많은 것을 준비하고 고민해야 한다.

이 수업은 학생들이 '좋은 수업'을 만들기 위해 무엇을 준비하고, 어떤 고민을 해야 할지를 직접 경험해 봄으로써 자연스럽게 학습이 이루어질 수 있도록 구성하였다. 교육공학은 이론과 실제가 병행하는 연계학문(linking science)이기 때문이기도 하지만, 이러한 학습경험만이 학생들을 정말로 좋은 교사로 만들 수 있다는 나의 믿음과 확신 때문이다.

II. 수업 설계

1. 수업 목표 및 교수방법

이 과목의 목표는 학생들로 하여금 '어떻게 잘 가르칠 것인가?'에 대해 고민하게 하고 실제로 잘 가르칠 수 있도록 준비하는 것으로, 구체적 수업 목표는 다음과 같다. ① 교육공학의 학문적 특성을 말할 수 있다. ② 교육공학의 이론적 근거가 되는 행동주의, 인지주의, 구성주의에 대해 알고 이를 교수설계에 활용할 수 있다. ③ e-러닝 및 이후의 다양한 학습환경에 대해 이해하고 활용할 수 있다. ④ 교사로서의 바른 태도를 익히고 이를 실천으로 옮길 수 있다. ⑤ 교사로서의 문제해결력과 협동학습 능력을 발휘할 수 있다. 이러한 학습목표를 달성하기 위해서는 학습자들에게 이론을 제시하는 것만으로는 충분하지 않다. 학생들이 잘 가르치기 위해 고민하고 준비해야 하는 실제적 경험을 쌓는 것이 중요하다. 즉, 교육공학의 학문적 특성인 이론과 실제가 함께 이루어져야 한다는 것인데,

이를 위해 본 수업에서는 액션러닝 방식으로 수업을 운영하고자 하였다.

액션러닝이란 과제해결을 위해 모인 구성원들이 실제 과제를 해결하거나 해결 방안을 도출하는 과정에서 질문과 성찰을 통해 학습이 이루어지는 프로세스다(장경원, 고수일, 2013).

액션러닝은 학습자들이 지식을 실제 맥락에서 활용할 수 있는 학습기술을 개발시켜 준다. 액션러닝을 통해 학습자들이 얻을 수 있는 가장 큰 배움은 우리 삶 전체에 유용하게 활용할 수 있는 '학습하는 방법을 배우는 것'이다. 본 강좌에서 액션러닝을 교수방법으로 선택한 것은 예비교사인 학생들에게 가르치는 것과 관련된 교사의 실제를 경험해 보게 함이며, 학습자 중심 교수학습 환경을 학습자의 입장에서 직접 경험해 볼 수 있도록 하는 것이다. 물론 기업 상황을 중심으로 정의되고 소개된 액션러닝을 대학의 수업 상황에서 실천하고자 할 때 액션러닝의 고유한 특성들이 모두 매끄럽게 적용되지는 않았지만, 가능한 액션러닝의 취지를 살릴 수 있도록 수업을 설계하였다. 액션러닝으로 수업을 설계할 때 고려한 사항을 정리하면 〈표 1〉과 같으며, 그 결과 계획 · 운영된 한 학기 수업 일정은 〈표 2〉와 같다.

〈표 1〉 액션러닝 수업 설계 전략

과제 발굴	• '교육방법 및 공학' 강좌를 통해 학습한 내용을 모두 알고 이해해야 해결할 수 있는 문제상황 중 실제로 있을 수 있는 상황 탐색 • 자신의 수업에 대해 고민을 갖고 있는 교수자의 수업 개선 전략을 학생들에게 제공 • 학생들에게 '문제'로서 자신의 수업 관련 고민을 제시할 수 있는 교수자(클라이언트) 5명 섭외

강좌 운영	• 스스로 학습하고, 팀원들끼리 협동하는 것이 중요하므로 팀학습 기술 습득 및 연습 기회 제공 • 1개의 문제 해결 • 5가지 주제(분석, 설계, 개발, 실행, 평가)에 대한 발표 및 교수자의 보충 설명
평가	• 각 문제의 해결 과정에서의 발표(3회) • 팀 활동 정도 • 개별 성찰저널(3회) • 학기말고사
교수자의 역할	• 조력자, 질문자 • (문제해결안 발표 후) 내용 정리자

〈표 2〉 액션러닝으로 운영된 수업의 한 학기 일정

주	주요 내용	비 고
1	강좌 오리엔테이션	• 아이스 브레이킹(수강생 모두 인사하기, 자기소개 하기)
2	팀 빌딩 & 교육공학의 특성	• 팀명, 팀 규칙 정하기 • 교육공학의 특성(포스트잇 이용 의견 적기+강의)
3	팀 학습기술 워크숍 & 과제 클라이언트 방문 시 주의사항, 팀별 클라이언트 발표	• 다양한 회의 진행 방법, 의견 수렴 방법, 사회자의 역할 등에 대한 소개 및 연습 • 제비뽑기 방식으로 클라이언트 선정(총 4명의 교내 교수와 1명의 초등학교 교사) • 수업 시간 중에는 클라이언트의 전화번호만 알려줌

4	체제적 교수설계: 분석단계(1조 발표) & 분석단계에 대한 강의	
5	체제적 교수설계: 설계단계(2조 발표) & 설계단계에 대한 강의	
6	팀별 발표 준비	
7	첫 번째 팀별 발표(해당 교수자의 수업 컨설팅을 위한 분석 결과)	• 분석, 설계, 개발, 실행, 평가에 대해 발표할 해당 발표 조는 최소한 1주 전에 담당 교수자 (장경원)와 만나서 발표계획을 의논해야 함 • 발표 시 발표하지 않는 학생들은 평가지에 자신들의 의견과 점수 기입
8	중간고사 기간	
9	체제적 교수설계: 개발단계(3조 발표) & 개발단계 강의	
10	체제적 교수설계: 실행단계(4조 발표) & 실행단계 강의	
11	팀별 발표 준비	
12	두 번째 팀별 발표(해당 교수자의 수업 컨설팅을 위한 설계 및 개발 단계 결과)	
13	체제적 교수설계: 평가단계(5조 발표) & 평가단계 강의	
14	세 번째 팀별 발표(최종) (컨설팅 결과물 발표)	
15	개념지도 작성하기 & 한 학기 학습내용 정리	• 한 학기 동안 학습한 내용에 대해 주요 개념 정리
16	기말고사	• 학생들이 해결한 문제와 동일한 맥락의 문제를 제시하고 이에 대한 컨설팅 의견 작성하기

　　강좌 수강생은 모두 30명이었고, 6명이 한 팀을 이루어 총 다섯 개의 학습 팀으로 나누어져 한 학기 동안 문제해결 활동을 함께 하였다. 이때 문제해결을 위해서는 학생들의 자료 및 의견을 공유할 수 있는 공간이 필요하므로 [그림 1]과 같이 C 포털사이트에 강좌 커뮤니티를 개설하여 운

영하였다. 학생들은 의사결정을 위한 중요한 논의는 강의실에서 수행하였지만, 개별적으로 학습한 내용의 간단한 논의 등은 강좌 커뮤니티를 활용하였고, 이외에도 팀별로 문제해결 과정에서 제출해야 하는 과제물, 개별 과제물, 성찰저널 등도 커뮤니티를 통해 제출하였으며, [그림 1]에 나타난 것처럼 자기소개를 위한 공간으로도 활용하였다.

[그림 1] 강좌 커뮤니티 자기소개실 화면

2. 수업 내용 및 평가방법

본 강좌에서는 교육공학과 관련된 내용 중, 이 수업에서 반드시 학습되어야 할 중요한 내용이 적용될 수 있는 실제 사례를 찾고자 하였다. 그 결과 스스로 수업 개선의 필요가 있다고 생각한 교수자 5명을 클라이언트(과제스폰서)로 섭외하였고, 이들의 문제를 학생들이 해결해 주는 것으로 수업을 운영하였다. 학생들에게 각각의 과제를 부여하는 방식은 각 조에게 각기 다른 교수자의 연락처만 제시하였고, 과제의 구체적인 내용은 학습팀들이 직접 해당 교수자를 만나서 구체화하고 이해하도록 하였다. 학생들에게 제시된 과제의 내용은 〈표 3〉과 같다.

〈표 3〉 학생들이 해결한 과제 내용

학습팀	과제 내용
1	• 수강생이 80명 정도인 교양과목 '생활과 법률'의 수강생들이 3시간 수업 중 1/2 정도가 지나면 많이 도망을 갑니다. 학생들이 도망가지 않고 수업에 집중할 수 있도록 하기 위해서 어떻게 해야 할까요?
2	• '심리학개론' 수업에서 질문을 하면 학생들이 대답이 없습니다. 질문에 대해 대답을 잘 하도록 하려면 어떻게 해야 할까요?
3	• 40분으로 매우 짧은 초등학교 영어수업에서 학생들의 학습활동에 대해 효율적·효과적으로 피드백을 하려면 어떻게 해야 할까요?
4	• 강의식으로만 운영했던 '교육사 및 철학'을 이러닝 컨텐츠로 개발해야 합니다. 이러닝 과목을 개발해 본 경험이 전혀 없는데 무엇을 어떻게 준비하고 강의는 또 어떻게 해야 할지…….
5	• 학생들이 논리적으로 사고할 수 있도록 하기 위해 기존에 사용했던 온라인 커뮤니티 대신 스프링 노트를 쓰고 싶은데, 학생들의 거부감이 많아서…… 어떻게 하면 좋을까요?

과제를 해결하면서 학습자들은 팀별로 과제기술서를 제출하고, 과제를

총 3회에 걸쳐 과제해결 과정과 결과물에 대해 발표하였다. 개별적으로는 각각의 발표가 끝난 후 성찰저널을 작성하였고, 학기말에는 한 학기동안 학습한 내용을 모두 정리한 개별 학습 포트폴리오와 개별 문제에 대한 해결안을 제시하였다. 팀별 활동에 대한 평가는 미리 개발한 평가준거표를 활용하여 교수자 평가, 동료 평가, 본인 평가의 점수를 합한 것으로 이루어졌고, 과제해결안과 개별 과제에 대한 평가는 교수자 평가와 과제 클라이언트의 평가로 이루어졌다.

III. 실행

1. 액션러닝 준비시키기

액션러닝으로 강좌를 운영하기 위해 가장 중요한 시간은 첫 만남인 것 같다. 학생들은 이미 강의계획서를 통해 본 강좌의 수업 방식에 대한 마음의 준비를 하고 강의실에 들어왔지만, 전통적 수업 방식에 익숙한 학습자들에게 액션러닝은 낯선 교수학습방법이기 때문이다. 따라서 학생들에게 왜 액션러닝 방식으로 수업을 하는지에 대한 충분한 설명을 해야 하고, 어렵지만 이러한 방법을 통해 많은 것을 얻을 수 있다는 마음을 갖게하는 게 필요했다. 학생들에게 액션러닝의 필요성과 절차에 대해 간단히 안내를 한 후, 액션러닝 과정에서 함께 사용할 강좌 커뮤니티를 보여 주며 각 공간의 기능과 사용방법에 대해 설명하였다. 그리고 액션러닝은 팀 활동을 중심으로 이루어지는 것이기에 팀을 구성하고, 팀별로 친근감을 가질 수 있도록 팀명을 정하고, 팀의 운영계획을 세우고, 자기소개를 하는 시간을 가졌다.

그런 다음 학생들이 문제해결 과정에서 팀별로 이루어지는 학습활동이 원활하게 이루어질 수 있도록 다양한 학습기술을 안내하고 실습할 수 있도록 하였다. 액션러닝은 학습자들의 참여가 중요하므로, 팀 학습 기술을 알려주지 않은 채 그들에게 과제부터 제시하면 문제해결에 어려움을 겪을 수 있기 때문이다.

2. 과제기술서 발표하기

각 학습 팀들에게는 '교수님의 전화번호'만 제공했다. 과제기술서 발표하기는 자신들이 컨설팅을 해 드릴 교수님들이 가지고 계신 고민이 무엇인지 구체적으로 정리·발표하는 것이다. 학생들이 발표하기 전 미리 해당 교수님들께 살짝 연락을 드려 보았다. 어떤 학습팀은 첫 시간에 알려준 대로 매우 정중하게 본인들을 소개하고, 미리 질문할 내용도 작성하여 메일로 보냈지만 어떤 학습팀은 교수님을 방문하여 어떤 질문을 해야 할지 머뭇머뭇하기도 한 것 같다. 어쨌든 학생들은 각 학습팀별로 과제기술서를 준비하여 발표하였으며, 발표를 듣는 다른 학생들 모두 호기심 어린 눈빛으로 발표를 들었고, 자신들의 과제를 명확하게 제시하지 못한 팀에게는 몇 가지 질문을 제시하여 스스로 과제를 구체화할 수 있도록 하였다.

3. 과제해결 중간 발표

첫 번째 발표 때 학생들은 매우 흥분된 모습이었다. 본인들이 '교수님의 수업'을 컨설팅 한다는 것에 매우 신기해하고 흥미로워했다. 해당 수업의 학습자 분석, 환경 분석, 교수자 분석, 내용 분석을 매우 열심히 수행하여 발표하였다. 그리고 자신들이 수행한 일에 대해 매우 뿌듯해했다.
그러나 아직 서툰 부분은 많았다. 예를 들면 10명 남짓한 수업의 학생들을 대상으로 한 의견조사를 거창한 여론조사를 한 것처럼 발표하기도 했고, 충분한 자료를 찾아보지 않은 상태에서 자신들의 생각만으로 결론을 내려 발표하기도 하였다.

각 학습팀들이 발표할 때마다 다른 학생들은 평가 의견을 작성하였다. 평가 의견은 미리 준비된 평가 양식에 따라서 잘한 점과 개선 및 건의사항, 해당 점수를 적는 것이다.

수업이 끝난 후 학생들은 강좌 커뮤니티에 성찰저널을 작성하였다. 성찰저널에 작성한 내용은 다음과 같다. ① 무엇을 배웠는가? ② 어떤 과정을 통해 배웠는가? ③ 학습한 것을 내 생활에 어떻게 적용할 것인가? [글 1]은 첫 번째 문제해결 후 학생들이 작성한 성찰저널 중 하나다. 성찰저널은 학생들에게는 자신의 학습내용과 과정을 되돌아볼 수 있는 기회를 제공하며, 교수자에게는 학습자들의 학습을 전달할 수 있는 좋은 자료가 된다.

[글 1] 첫 번째 발표 후 학생이 작성한 성찰저널 사례

1. 무엇을 배웠는가?

교육공학의 정의, 그리고 과학과 기술의 차이점, 체계와 체제의 차이점, 교육공학의 역사적 변천, 시청각통신과 교수공학이 구분되는 이유, 객관주의와 구성주의, 객관주의에서는 세부적으로 행동주의의 고전적 조건화와 조직적 조건화 등을 배우고 인지주의의 주요 개념 등을 배웠으며, 구성주의의 간단한 개념을 배웠습니다. 분석에서 과제 분석, 내용 분석, 학습자 분석, 요구 분석, 환경 분석 등을 배웠으며, 설계에서는 가네의 9가지 사태와 켈러의 학습동기 설계 이론 등을 배웠습니다.

이런 이론적인 것들을 단순히 머리로만 배운 것이 아니라 실제 교수님들의 수업을 컨설팅 해 드리면서, '아 이런 게 분석이고, 아 이런 게 설계구나'하는 것을 몸으로 배우게 되었습니다. 최고의 교수들의 수업을 직접 보면서 가르치는 방법 또한 배우는 것에 못지않게 힘들고 중요하다는 것을 깨달았습니다. 머리로만 줄줄 외우는 그런 단순 학습이 아닌 몸으로 느끼고 체험을 통해 얻은 값진 경험들이라 어느 상황에서도 잘 적용할 수 있을 것 같습니다.^^

2. 어떤 과정을 통해 배웠는가?

솔직히 얘기하자면, 저는 예습을 하지도, 그렇다고 복습을 열심히 하는 편도 아닙니다. 그러나 몸으로 직접 겪으면서 복습을 할 때보다 훨씬 강하게 이론들이 머리에 들어왔습니다. 분석이 무엇인지, 설계가 무엇인지 저는 솔직히 하나도 몰랐습니다. 조별 모임을 갖고 ○○○ 교수님을 찾아뵙고 인터뷰를 하면서, 도대체 이 수업의 문제점이 무엇이고, 학생들의 불만이 무엇이며, 교수님의 목표는 무엇인지 조금씩 눈에 보이기 시작했고, 이것들을 하나하나 정리해 나가면서 분석이 무엇이고 설계가 무엇인지 뚜렷하게 알게 되었습니다.

설문조사를 통해 얻은 학생들의 솔직한 답변과, 교수님의 솔직하고 담백한 인터뷰를 통해 교수님과 학생들의 공통적인 문제점과 우리 조 컨설팅의 방향과 목적을 정할 수 있었습니다.

3. 배운 것을 나의 일, 생활, 공부에 어떻게 적용할 것인가?(현재 및 미래의 상황 모두 가능)

제 꿈은 선생님입니다. 아이들을 막연히 가르치는 유식하지만 무능한 선생님이 되는 것은 정말 싫습니다. 누군가가 문제점을 눈치 채기 전에 저 스스로 체크하고 문제점을 파악해 더 나은 수업을 할 수 있을 것으로 예상됩니다. 이 과목, 이 과정을 배우지 못했다면, 저는 그냥 제 방식대로 수업하는 제멋대로 선생님이 되었을 것입니다.

현재 저는 과외를 하고 있습니다. 예전에는 막연히 학생을 제가 원하는 목표에 도달시키기 위해 가르쳤다면, 요즘에는 조금씩 학생의 입장을 고려하고, 제 문제점을 보완하려고 노력하고 있습니다. 덕분에 학생도 예전보다 더 수업태도가 좋아졌고, 성적도 많이 올랐습니다. 배운 것을 적용해 보니 실제로 변화함을 느끼면서 스스로 많이 뿌듯했습니다.

4. 나와 우리 팀원의 기여도는 어떠했는가?

조장 종현오빠를 중심으로 저희 밥조는 열심히 준비했습니다. 토론을 통해 서로의 의견을 조정하고, 모임약속을 잡아 의견을 주고받았습니다. 늘 100% 참석률을 보이지는 못했으나, 누군가가 급한 사정으로 자리를 비우면 서로가 협력하여 그 자리를 채웠습니다. 누구 하나 빠짐없이 열심히 했습니다. 모두에게 별 다섯 개에 다섯 개, 십 점 만 점에 십 점을 주고 싶습니다.^^

4. 최종 발표

세 번째 발표는 해당 교수님을 위한 최종 컨설팅 내용을 발표하는 것으로, 각 학습팀들은 마치 전문 수업분석가처럼 강의실의 구조를 그려 교수님을 위한 바람직한 동선을 제시하기도 하고, 그 수업에서 활용할 과제, 수업 전략 등을 발표하였다. 앞서 제시되었던 과제 내용에 대한 학생들의 해결안 내용을 정리하면 〈표 4〉와 같다.

〈표 4〉 학생들이 제안한 과제해결안 내용 요약

학습팀	과제 내용	학생들이 제안한 내용 요약
1	• 수강생이 80명 정도인 교양과목 '생활과 법률'의 수강생들이 3시간 수업 중 1/2 정도가 지나면 많이 도망을 갑니다. 학생들이 도망가지 않고 수업에 집중할 수 있도록 하기 위해서 어떻게 해야 할까요?	• 대형 강의실에 띄엄띄엄 앉아있는 학생들을 '다이아몬드존'을 '중심으로 앉을 수 있도록' 교수님이 앉을 수 있는 자리 영역 제시. • 학생들이 집중할 수 없는 작은 목소리, 움직임이 적은 동선을 보완하기 위해 무선마이크 사용.

		• 학습자들이 수업에서 주인의식을 가지고 팀 학습을 해 나갈 수 있도록 운영. 현재는 팀 과제를 부여하지만 팀별 논의가 이루어지는 것이 수업 외 시간에 자율적으로 이루어지도록 하기 때문에 교수님께서 팀 활동에 관여할 수 없음.
2	• '심리학개론' 수업에서 질문을 하면 학생들이 대답이 없습니다. 질문에 대해 대답을 잘 하도록 하려면 어떻게 해야 할까요?	• 심리학개론 수강생들의 대부분이 '쉬운 내용'을 다룰 것으로 기대했으나 교수님께서 '뇌'에 대한 내용을 중심으로 심리학 수업을 구성하여 어려워함. 학생들이 대답을 못한 것은 그 태도도 문제지만 그들의 선행지식 등이 부족하기 때문임. 개강 후 학생들의 선행지식 등을 진단할 수 있는 '진단평가'를 실시하여 학생들의 수준에 적절한 내용과 방법으로 강의 내용 구성 후 수업하는 것이 필요함.
3	• 40분으로 매우 짧은 초등학교 영어수업에서 효율적·효과적으로 학생들의 학습활동에 대해서 피드백을 하려면 어떻게 해야 할까요?	• 피드백을 교수자 한 명만 하려고 하는 것에서 벗어나서 학생 자신, 동료가 피드백 할 수 있도록 하는 시스템을 만드는 것이 필요. 이를 위해 우리 수업에서 처럼 평가 루브릭을 개발하여 활용하는 것이 필요함.
4	• 강의식으로만 운영했던 '교육사 및 철학'을 이러닝컨텐츠로 개발해야 합니다. 이러닝과목을 개발해 본 경험이 전혀 없는데 무엇을 어떻게 준비하고 강의는 또 어떻게 해야 할지…….	• 교수님을 위해 이러닝 과목 개발을 위한 가이드라인 제작 후 제시함.

| 5 | • 학생들이 논리적으로 사고할 수 있도록 기존에 사용했던 온라인 커뮤니티 대신 스프링노트를 쓰고 싶은데, 학생들의 거부감이 많아서… 어떻게 하면 좋을까요? | • 수업을 수강할 학생들이 스프링노트 활용 방법을 쉽게 배울 수 있도록 학생용 안내 매뉴얼을 작성해서 제출함. |

학습팀들이 작성한 내용은 간단한 아이디어에서부터 구체적인 안내 매뉴얼까지 다양하다. 중요한 것은 이들이 제안한 것이 그 수업의 개선에 매우 도움이 되었다는 것이다. 간단한 아이디어로 보일지 몰라도 그것들은 학생들이 직접 컨설팅 해야 하는 해당 수업을 충분히 관찰하고, 분석하여 제시한 매우 의미 있고 소중한 해결안이었다. 1, 2라운드 때와 마찬가지로 각 학습팀들이 발표할 때마다 다른 학생들은 평가 의견을 작성하였고, 수업이 끝난 후에는 성찰저널도 작성하였다.

[글 2] 최종 발표 후 학생이 작성한 성찰저널 사례

1. 무엇을 배웠는가?

최종 발표를 앞두고 한 학기 동안 진행해 왔던 여러 가지 내용들을 뒤돌아보았다. 이를 통하여 교수님이 우리에게 요구했던 것에 대하여 다시 한 번 머릿속에 분명히 하였다. 그리고 이에 대하여 실질적으로 어떤 문제가 있을지, 그런 문제들을 어떻게 해결해야 하는지 해결책을 제시하고, 스프링노트에서 논의될 수 있는 주제들은 어떤 것들이 있는지도 알아보았다.

온라인상에서 팀원들의 글을 보고 있자면, 숨겨진 다른 의미로 이런 말을 한 것이라고 가끔 의심하는 경우가 있다. 또한 조별과제는 오프라인이든 온라인이든 무임승차하는 사람들이 있기 마련인데, 이에 대한 문제점을 어떻게 해결할 수 있을지에 대해서도 생각했다. 우리나라 사람들은 토론문화에 익숙지 않다는 특징을 가지고 있는데, 이러한 것이 스프링노트상에서도, 집단 글쓰기 학습에도 문제로 작용할 것이라고 생각하고 어떻게 하면 그 분란이나 감정싸움을 줄일 수 있을지도 생각하였다.

최종적으로 이번 과제를 통하여, 지난 학기의 PBL에 비해 훨씬 힘들고 어려웠지만, 그만큼 우리가 했었던 과정이나 시행착오들은 잊을 일은 없을 것이다. 분석이 모든 것에 기초가 된다는 것을 알았고, 모든 과정이 일률적으로 적용되는 것이 아닌, 융통성을 가지고 수행해야 한다는 것도 느꼈다. 또한 처음 접한 파일럿 테스트 등의 다양한 방법들을 알 수 있었다. 특히 스프링노트를 알고 그것을 활용할 수 있게 되어서 좋았다. 좋은 도구를 알게 되었다.

2. 어떤 과정을 통해 배웠는가?

처음에 조 모임을 할 때, 온라인상 팀 학습에 따르는 문제점에 대해서는 쉽게 의견을 제시하였지만, 과연 어떤 주제가 집단 글쓰기에 어울릴 것인가에 대한 의견을 내기는 쉽지 않았다. 이에 따라 일정 기간을 두고 각자 조사하고 생각한 것을 스프링노트에 적어 보기로 하였다. 이를 통해 또다시 조모임을 하였고, 온라인상 팀 학습에 따르는 문제점과 해결방안에 대한 구체적인 이야기를 더 나누고, 주제에 대한 의견도 여러 가지 방향으로 나누었다. 이때 역시 주제를 제시하는 데 있어서는 어려움이 있었지만, 각자 스프링노트에 제시한 주제들을 조율하여 도출하였다.

우리 조의 모임은 거의 온라인과 스프링노트를 통하여 이루어졌다. 각자 시간이 맞지 않은 점도 그 이유였지만, 무엇보다도 교수님의 요구에 맞게 스프링노트를 우리 본인들이 직접 써 보자는 취지에서 스프링노트를 많이 활용하였다. 처음에는 스프링노트가 많이 낯설어서 어떻게 사용해야 하는지 조심스럽고 거북했었지만, 학기가 거의 끝나가는 지금은 혼자 개인노트를 생성하기도 하고, 그것을 활용하기도 할 정도로 친숙해졌다.

3. 학습한 것을 어디에 적용할 수 있는가?

우리 조는 스프링노트라는 특수한 조건을 두고 이번 과제를 수행했다. 그러나 그

바탕에는 우리가 일반적으로 조별과제를 수행하는 때에 필요한 여러 가지 요소들이 있었다. 이들에 대하여 생각하고 의견을 나누면서 또 다른 조별과제를 수행하는 데 앞으로 가져야할 태도에 대해 다시 한 번 생각할 수 있었다. 이번 과제를 통해 도출한 여러 가지 내용들은 다음 학기 조별과제에도 적용할 수 있을 것이다.

또한 스프링노트를 활용함으로써 조별모임을 하는 데 좀 더 수월했다. 이번 경험을 통해 앞으로 있을 집단과제에도 스프링노트를 유용하게 사용할 수 있을 것 같다.

전체적으로 교수님이 목표하시는 글쓰기 능력 함양을 위한 스프링노트의 활용은 다음 학기부터 시작할 수 있을 것이다. 일반교양과 같은 분위기가 아닌, 교직이수 과정 과목만의 분위기가 있는 만큼 생각보다 수월하게 이루어질 수도 있을 것 같다.

4. 과제를 수행하는 동안 나와 내 동료들은 어떤 역할을 하였는가?

문만섭(조장): 늦은 시간에도 조별 모임을 소집하느라 여러모로 고생이 많았다. 자료 수집을 했다.

김윤희: 회의에 빠지지 않고 참여하여 여러 가지 의견을 많이 내 주었다.

김은정: 우리 조가 회의하다가 막힐 때마다 항상 스피드를 낼 수 있도록 이끌어 준 제2의 조장이었다. 자료수집을 하고 모아진 자료를 정리했다.

송지혜: 지혜는 정말 고생이 많았다. 매뉴얼 작업과 파워포인트 작업을 했다.

고경희(나): 자료수집을 하고 모아진 자료를 다시 ppt에 맞게 정리하는 작업을 했다. 조 모임에 빠지지 않고 참여하였으며, 다른 조원들에게 누를 범하지 않으려고 최선을 다했다. 발표를 맡았다.

이번 학기에 조원들을 잘 만나서 어느 한 사람 빠지지 않고 훈훈하게 조모임을 했다. 지난 학기에 교수님 수업을 한번 접해 본 사람도 있고, 접해 보지 못한 사람도 있는데, 접한 사람은 접한 사람대로, 접하지 못했던 사람은 접하지 못한 대로 정말 열심히 최선을 다 해 주어서 너무 고맙다.

IV. 강좌에 대한 나의 성찰저널

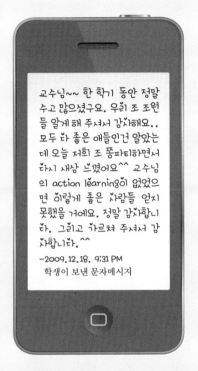

교수님~~ 한 학기 동안 정말 수고 많으셨구요. 우리 조 조원들 알게 해 주셔서 감사해요.. 모두 다 좋은 애들인건 알았는데 오늘 저희 조 쫑파티하면서 다시 새삼 느꼈어요^^ 교수님의 action learning이 없었으면 이렇게 좋은 사람들 얻지 못했을 거에요. 정말 감사합니다. 그리고 가르쳐 주셔서 감사합니다.^^
-2009. 12. 18. 9:31 PM
학생이 보낸 문자메시지

같은 강좌를 강의식으로 운영할 경우와 액션러닝으로 운영할 경우 교수자로서 많은 차이를 느낀다. 물론 액션러닝은 학생들에게도 교수자에게도 매우 힘든 수업 방식이다. 학생들은 주도적으로 학습해야 하기 때문에, 그리고 교수자는 교과 목표에 맞는 과제가 선정될 수 있도록 미리 준비해야 하고, 학생들의 문제해결 과정에 대해 피드백을 제공해야 하고, 학생 개개인의 학습 결과를 학기 내내 지속적으로 평가해야 하기 때문이다. 이러한 어려움이 있음에도 액션러닝 방식으로 수업을 하는 것은 학생들을 위해서이기도 하지만 나 자신도 얻는 것이 매우 많기 때문이다.

첫째, 학생들의 학업성취에 대해 파악할 수 있다. 한 학기 중 세 번의 발표를 하는 동안 학습자들의 태도, 결과물, 팀원들의 평가, 그리고 성찰저널에 쓰는 '무엇을 배웠는가?'에 대한 내용을 통해 학생들이 배워야 할 내용을 제대로 이해했는지, 무엇을 간과하거나 잘못 이해했는지 파악할 수 있으며, 이러한 이해를 바탕으로 팀별 활동 시 개별적인 피드백을 제공하거나, 참여를 독려하거나 하는 등의 활동을 수행할 수 있다. 또한 이는 다음 학기의 강의를 계획할 때 매우 유용한 학생에 대한 자료가 된다.

둘째, 내 전공 영역의 최신 이슈를 알게 한다. 학생들에게 제공하는 문제가 얼마나 실제적이고, 가르치고자 하는 내용을 잘 담고 있는지는 매우 중요하다. 따라서 매 학기 반복되는 강좌이지만 현실적 특성, 학생들의 특성 등이 반영된 문제를 개발하기 위해서는 전공과 관련된 최근 이슈가 무엇이며, 무엇이 중요한지에 대해 끊임없이 탐색하게 한다.

셋째, 학생들과의 다양한 상호작용을 가능하게 한다. 학생과 교수 간의 거리는 물리적 거리감보다는 심리적 거리감의 거리가 더 멀 수 있다. 그러나 액션러닝에서는 과제해결 과정에서 학생들과 온라인, 오프라인 공간에서 이야기할 수 있고, 생각을 교류할 수 있기 때문에 다양한 형태로 보다 많은 상호작용을 할 수 있다. 어떤 학생들은 본인의 성찰저널에 대해 제시한 피드백에 대해 교수자로부터 1 : 1로 피드백을 받은 경험이 처음이라고 이야기하기도 하였다. 물론 나 역시 바쁘다는 이유로 적절한 시기에 충분한 피드백을 제공하지는 못했지만, 적어도 강의식으로 이루어지는 수업에 비해 학생들의 생각과 의견을 듣고 나의 생각과 의견을 이야기할 수 있는 기회가 더 많은 것은 사실이다. 무엇보다도 액션러닝으로 수업하는 것은 학생뿐만 아니라 나 자신도 많이 성장하게 하는 것 같다.

액션러닝 수업 시나리오: '조직행동론' 수업의 '리더십 역량 향상' 과제 주요 프로세스[7]

1단계: 리더십 역량 선정

교　수: 여러분이 훌륭한 리더라고 생각하는 사람은 어떤 사람일까요? 그 사람들은 어떤 역량을 가지고 있어서 훌륭한 리더가 된 것일까요? 리더의 요건을 도출하기 위해 성공한 리더가 가지고 있는 핵심 특성을 알아보겠습니다. 즉, 우리가 알고 있는 훌륭한 리더십을 행사하는 사람의 중요한 특징을 알아낸 후, 이들의 역량을 향상시키는 것이 우리 수업의 목표입니다. 먼저, 각자 훌륭한 리더라고 생각하는 사람 한 명을 포스트잇에 써 보세요.

학생들: (포스트잇 한 장에 훌륭하다고 생각하는 리더의 이름을 쓴다.)

교　수: 이제 팀원 가운데 한 명씩 자신이 선택한 리더의 리더십을 설명하세요. 다른 팀원들은 들으면서 그 리더의 핵심요인을 씁니다. 즉, 그 리더가 보여주었던 훌륭한 리더십의 특징에 대해 핵심단어만 쓰세요. 예를 들면, 그 리더가 추진력이 훌륭했다면, '추진력'이라고 쓰고, 다른 사람들과의 원만한 관계형성이 돋보인다면,

---

7 이 수업은 SBS, 교육개발원, 대학교육협의회에서 선정한 100대 강의 중 하나다. 지면상으로라도 이 수업이 어떻게 진행되었는지 알아볼 수 있다.

'대인관계 원만'이라고 쓰는 겁니다. 팀별로 진행하며, 시간은 한 사람당 2~3분씩 팀당 총 15분입니다.

학생들: (팀 내에서 발표)

교　수: 자, 지금까지 쓴 역량들을 개인특성 역량, 대인관계 역량, 조직관리 역량의 범주별로 붙여 보세요. 비슷한 내용들은 겹쳐서 붙여 주세요.

학생들: (자신들이 쓴 포스트잇을 붙이면서 비슷한 내용들은 겹쳐서 붙인다.)

교　수: (포스트잇들을 정리한 후) 여기 여러분이 생각하는 훌륭한 리더들의 덕목들이 있는데요, 이들 덕목들이 모두 중요하지만, 여러분이 가장 중요하다고 믿는 덕목들을 선택해 보겠습니다. 모두들 개인특성 역량, 대인관계 역량, 조직관리 역량의 범주별로 하나씩 별표를 쳐 주세요.

학생들: (포스트잇 위에다 별표 표시를 한다)

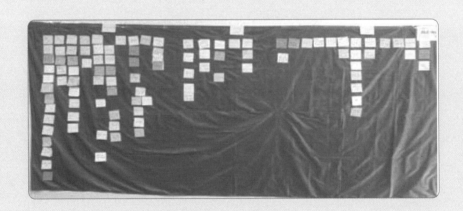

교　수: 여러분이 선정한 역량 가운데 조직행동론 주제에 맞는 역량을 학습 대상의 리더십 항목으로 지정하겠습니다. 그래서 개인특성 역

량으로는 자존감, 도전성(성취지향성), 긍정적 사고, 대인관계 역량으로는 경청(의사소통), 배려, 신뢰, 조직관리 역량으로는 동기유발, 목표추진력, 구성원 역량개발로 정하겠습니다.

이제 팀별로 상의해서 여러분이 공부하고 실천할 목표 역량을 항목별로 하나씩 선택해 주세요. 개인특성 역량은 팀원 6명이 공통으로 목표로 하고, 대인관계 역량은 팀원들 가운데 3명이, 조직관리역량은 나머지 3명이 선택하세요. 선정시간은 3분 주겠습니다.

학생들: (논의한다. 3분 후 팀별로 자신들이 선정한 역량을 발표한다.)

2단계: 미래의 모습 꿈꾸기[8]

교　수: 지난주에는 여러분이 훌륭하다고 생각하는 리더들에 대해 말해보고 그들의 핵심역량에 대해 살펴보았습니다. 그리고 여러분이 닮고 싶고 개발하고 싶은 역량을 세 가지 영역에서 선택했지요. 그런데 이들 역량들은 그들만이 가지고 있는 것이 아닙니다. 알고 보면, 여러분도 내면에 그러한 역량을 잠재적으로 가지고 있기도 하고, 이미 어느 정도는 발휘한 경험도 있습니다. 그래서 오늘은 여러분이 선정한 역량에 대해 여러분의 성공 스토리를 수집하고 공유하는 시간을 갖겠습니다. 우선, 2명씩 짝을 만드세요. 가위바위보를 하세요. 이긴 사람은 포스트잇에 크게 '기자'라고 쓴 후, 가슴에 붙이세요. 자, 기자들은 모두 나오세요. (기자들을 향해) 여러분이 할 일은 (좌석을 가리키며) 여기 있는 훌륭한 리

---

8 이 단계는 AI(Appreciative Inquiry) 방법을 활용하였다.

더들을 취재하는 것입니다. 이 리더들은 특히 리더로서 가져야 할 두 가지 역량을 가진 분들입니다. 그 역량들을 발휘한 경험을 취재해 오세요. 여기 질문이 담긴 취재 노트를 가져가서 간단히 요약해 오세요. 단, 다른 팀에 가서 취재해야 합니다. (좌석을 보면서) 여러분은 30년 후 성공한 리더로서의 자신의 모습을 상상하세요. 여러분을 취재하기 위해 기자가 찾아왔고, 여러분은 자신의 리더십 비결, 즉 앞에서 여러분이 선택한 리더십 역량 두 가지를 발휘한 경험을 회상하면서 이야기해 주세요. 그 경험은 오래되거나 작은 것이라도 좋습니다. 모두들 실제처럼 행동해 주세요. 만나면 서로 악수하고요. 시간은 7분입니다. 자, 이제 기자들, 취재를 향해 출발해 주세요.

학생들: (기자들은 앉아 있는 학생들 가운데 한 명을 선택해서 찾아가 인터뷰를 시작한다. 기자들은 취재양식에 스토리를 간단히 요약한다.)

교　수: (7분 후) 자, 같은 방식으로 한 번 더 취재하겠습니다. 이제 악수하고 다른 리더를 향해 출발하세요.

학생들: (반복)

교 수: (7분 후) 이제 취재를 마쳤으면 기자증을 상대방에게 주세요. 새
　　　　로 기자가 된 사람들은 모두 나오세요. 이제 여러분이 기자입니
　　　　다. 마찬가지 방식으로 여기 있는 리더들을 취재하는 겁니다. 시
　　　　간은 7분입니다. 자, 이제 기자들, 취재를 향해 출발해 주세요.

학생들: (기자들은 앉아 있는 학생들 가운데 한 명을 선택해서 찾아가 인
　　　　터뷰를 시작한다. 기자들은 취재양식에 스토리를 간단히 요약한다.)

(취재 한 번 더 반복)

교 수: 이제 자기 자리로 돌아가세요. 팀원들이 취재해 온 것들을 공유
　　　　하겠습니다. 한 사람이 2분씩 취재 내용을 간단히 소개하세요.
　　　　다 공유가 끝나면 최고의 스토리(Best Moment Story) 하나를 선
　　　　정해 주세요. 시간은 총 15분입니다.

학생들: (공유 후 최고의 스토리를 선정한다.)

교 수: 여러분은 어떤 스토리를 가지고 있는지 들어 볼까요? 한 팀씩 발
　　　　표해 주세요.

학생들: (팀별로 최고의 스토리를 발표한다.)

교 수: 알고 보니, 여러분도 이미 훌륭한 리더의 자질을 가지고 있다는
　　　　것을 알 수 있네요. 이제 여러분이 선정한 리더의 역량에 대해 본
　　　　격적으로 연구하고 개발하기 위한 계획을 세운 후 실천해 보도록
　　　　하겠습니다.

3단계: 러닝이슈 선정

교　수: 지난 시간에는 여러분이 경험한 리더십 역량에 대해 공유하는 시간을 가졌습니다. 여러분은 훌륭한 리더가 가진 역량을 여러분도 이미 발휘했거나 발휘할 수 있다는 것을 느꼈을 것입니다. 이제부터는 여러분이 선정한 역량에 대해 배우고, 실천을 통해 좀 더 개발할 시간을 가질 겁니다. 나눠 준 A3 종이 위에 해당 역량에 대해 여러분이 알고 있는 사실들을 쓰고, 좀 더 조사하고 배워야 할 러닝이슈에 대해 써 보세요. 논의부터 하지 말고 각자 포스트잇에 쓴 다음에 상의해서 정리해 주세요. 다 쓰면 벽에 붙이세요. 시간은 총 20분입니다.

리더십 역량	사실	러닝이슈

* 사실: 경험, 지식으로 내가 알고 있는 것들
* 러닝이슈: 좀 더 구체적으로 조사할 것들

예: 도전정신

리더십 역량	사실	러닝이슈
도전정신	- 도전정신은 실패를 두려워하지 않는 것이다. - 대표인물: 정주영, 안철수	- 도전정신을 가진 사람들의 공통점 - 도전정신을 키우는 방법

학생들: (각자 자신의 생각을 포스트잇에 한 장씩 쓴다. 팀원들이 다 쓴 후 모아서 가장 중요하다고 생각하는 것을 A3 종이 위에 기록한다. 완성이 되면 벽에 붙인다.)

교　수: 이제 모두들 다니면서 다른 팀들이 작성한 것들을 읽어 보세요.

그리고 의견을 포스트잇에 써서 붙여 주세요.

교수와 학생들: (모두 돌아다니면서 다른 팀들이 작성한 것들을 읽고 의견을 포스트잇에 써서 붙인다)

교   수: (15분 후) 마치겠습니다. 이제 자기 팀 것을 가지고 자리에 앉아 주세요. 다른 친구들의 의견을 보세요. 참고할 만한 좋은 내용이 있지요? 도움이 되는 의견은 여러분의 러닝이슈에 반영하고, 다음 시간까지 오늘 작성한 러닝이슈에 대해 정리해 오세요. 인터넷 검색에 의존하지 말고 책을 중심으로 러닝이슈들에 대한 이론과 자료들을 ppt로 5~6쪽 작성해 오세요. 그리고 이것을 모두 발표할 기회를 가질 겁니다. 팀별로 2명씩 3회에 걸쳐 다른 친구들에게 발표할 예정이니 라운드별 순번도 정해 오세요.

이제 오늘 수업 내용에 대한 질문 받겠습니다.

학생들과 교수: (질의 및 응답, 발표 내용과 관련된 보충 강의)

교   수: 마무리하겠습니다. 오늘은 우리가 개발할 역량에 대해 우리가 알

고 있는 사실들을 정리하고 좀 더 학습할 러닝이슈가 무엇인지에 대해 생각해 보았습니다. 다음 시간에는 여러분이 정리해 온 러닝이슈들에 대한 이론과 자료들을 학습할 시간을 갖겠습니다.

4단계: 러닝이슈 학습

교 수: 지난 시간에 우리는 여러분이 선택한 역량에 대해 무엇을 배울 것인지를 선정했습니다. 오늘은 그 러닝이슈들을 공부하는 시간을 가지겠습니다. 준비한 내용들을 벽에 붙여 주세요. 팀 대표 한 명이 팀이 작성한 내용의 홍보를 준비를 해 주세요.

학생들: (ppt를 벽에 붙이고 팀 대표 한 명은 자신들의 부스 앞에 선다.)

교 수: 자, 각자 시간을 30초 주겠습니다. 간단히 자기 팀이 작성한 내용을 홍보해 주세요.

학생들: (팀 대표들은 1명씩 돌아가면서 팀이 작성한 내용을 소개한다.)

교 수: 총 3라운드를 가질 것입니다. 먼저 1라운드를 시작하겠습니다. 팀에서 첫 번째로 설명할 2명은 자기 팀 부스로 이동하고, 다른 학생들은 관심 있는 부스로 이동합니다. 한 부스에서 받을 수 있는 인원은 6명으로 한정하고, 초과되면 다른 부스로 이동해 주세요. 그럼 출발해 주세요. 시간은 5분입니다.

학생들: (각자 관심 있는 부스로 이동한다. 각 부스에서는 각 팀의 2명이 자기 팀이 작성한 러닝이슈의 내용에 대해 같이 설명을 한다. 교수도 돌아다니면서 설명을 듣는다.)

교 수: (5분 후) 이제 2분 동안 질의응답하면서 마무리해 주세요.

학생들: (질의응답)

교　수: 마무리하겠습니다. 멋진 설명을 해 준 친구들에게 박수 주세요.

학생들: (박수)

교　수: 2라운드 진행합니다. 설명해 줄 친구들을 교체하고 다른 부스로
　　　　이동해 주세요.

(3라운드까지 동일한 방식으로 진행)

교　수: 이제 자리로 이동해 주세요. 다른 팀의 설명을 들으면서 새롭게
　　　　배우고 이해한 것도 있고 명확하지 않은 것도 있었죠? 자, 저에게
　　　　질문해 주세요.

교수와 학생들: (질의응답, 발표내용과 관련된 보충 강의)

5단계: 실행계획 수립

교　수: 이제 목표 역량에 대해 학습하고 이해를 했으니까 이제부터는 학습한 내용을 토대로 역량개발 계획을 세우겠습니다. 여기 표처럼 A3 종이에 해당 리더십 역량에 대한 여러분이 도달하고 싶은 목표 상태와 구체적인 실행계획에 대해 작성해 주세요. '목표 상태'는 최대한 측정 가능한 수준으로 구체적으로 작성해 주세요. 시간은 20분입니다.

리더십 역량	목표 상태	1차 실행계획

학생들: (팀별로 논의하며 작성한다.)

교　수: (20여 분 동안 돌아다니면서 학생들이 작성한 것들을 보고 질문과 의견을 주고받으며 학생들의 과제명확화를 돕는다. 예컨대, "석달 후 그 역량이 향상되었다는 것을 어떻게 확인할 수 있을까?"라는 질문을 던지고 학생이 답하면, "좋아요. 그렇다면 목표 상태를 어떻게 기술하면 좋을까?"라는 질문을 통해 학생들이 목표상태를 구체화하도록 도와준다.)

교　수: 작성이 끝났으면 한 팀씩 발표하겠습니다. 2분 동안 간단히 소개해 주세요.

학생들: (팀별로 발표)

교　수: 오늘 여러분은 리더십 역량에 대해 학습을 한 후, 그 역량을 향상시키기 위한 구체적인 실행계획과 목표를 작성했습니다. 오늘부터 그 계획들을 실행에 옮기는 겁니다. 2주 동안 실행에 옮긴 후 여러분이 배우고 느낀 것들을 성찰하겠습니다.

6단계: 성찰 및 2차 실행계획

※ 역량 학습은 팀별로 ① 개인 역량, ② 대인관계 역량/ 조직관리 역량
(팀원을 3명씩 나눠서 분담)의 두 가지 영역을 매주 번갈아 가면서 진
행한다. 따라서 하나의 역량에 대한 실행계획을 세우면 2주 동안 실행
후 성찰하게 된다.

교 수: 오늘은 2주 전 세웠던 실행계획에 대한 성찰을 하겠습니다.
　　　　A3 종이에 실행한 내용을 쓰고 느끼고 배운 점을 포스트잇에 키
　　　　워드만 간단히 써서 붙이세요. 시간은 10분입니다.

이름	1차 실행계획	실행한 것	느끼고 배운 점	2차 실행계획

학생들: (종이에 작성 양식을 그린 후, 포스트잇에 각자 실행한 것, 느끼
　　　　고 배운 점을 쓴다 – 본문 52쪽 참조)
교 수: 작성을 마치면, 팀별로 각자 2분씩 자신이 쓴 내용에 대해 발표하
　　　　세요.
학생들: (팀별로 성찰을 한다. 교수는 돌아다니면서 성찰내용을 듣는다.)
교 수: 이제 지금까지의 성찰을 기초로 2차 실행계획을 세우겠습니다.
　　　　지난번보다 좀 더 도전적인 목표를 세우면 더욱 좋겠습니다. 팀

별로 작업이 끝나면 벽에다 붙여 주세요. 시간은 20분입니다.

학생들과 교수: (팀별로 실행계획에 대한 논의를 한다. 교수는 돌아다니면서 실행계획에 대해 질문을 하면서 좀 더 도전적인 목표를 세우도록 유도한다. 예컨대, 지난번 친구를 상대로 경청을 실습했다면, "네게 가장 경청하기 어려운 사람이 누구일까?"라는 질문을 통해 그 사람을 경청할 대상으로 정할 것을 권유한다.)

교　수: 이제 마무리하고 벽에 붙이세요. (확인 후) 모두 돌아 다니면서 다른 팀들이 작성한 것들을 읽어 보세요. 그리고 의견을 포스트 잇에 써서 붙여 주세요.

교수와 학생들: (모두 돌아다니면서 다른 팀들이 작성한 것들을 읽고 의견을 포스트잇에 써서 붙인다.)

교　수: (20분 후) 마치겠습니다. 이제 자기 팀 것을 가지고 자리에 앉아 주세요. 다른 친구들의 의견을 보고 도움이 되는 의견은 여러분의 성찰 내용과 실행계획에 반영하세요. 이제 오늘 수업 내용에

대한 질문 받겠습니다.

학생들과 교수: (질의 및 응답, 발표내용과 관련된 보충 강의)

교 수: 마무리하겠습니다. 2주 후에는 오늘 세운 실행계획에 대한 성찰
을 하고 지금까지의 경험과 학습한 내용을 토대로 학습 포인트를
도출하는 시간을 가지겠습니다.

7단계: 최종 성찰 및 학습 포인트 도출

(성찰 부분은 6단계와 동일)

교 수: 지금까지의 경험과 성찰들을 토대로 학습 포인트를 도출해 보겠
습니다. 스스로 이런 질문을 해 보세요. "성찰을 토대로 도달한
결론은 무엇인가요?" "그러한 경험이 던지는 시사점은 무엇인가
요?" "경험을 근거로 이론을 하나 만든다면?" 하나의 역량별로 두
개의 학습 포인트를 도출해 보세요. 그리고 팀별로 작업이 끝나
면 벽에 붙여 주세요. 시간은 30분입니다.

이름	2차 실행계획	느끼고 배운 점	학습 포인트

학생들과 교수: (팀별로 학습 포인트를 도출한다. 교수는 돌아다니면서 학
습 포인트 도출을 돕는다.)

교 수: 이제 마무리하고 벽에 붙이세요. (확인 후) 모두들 다니면서 다른
팀들이 작성한 것들을 읽어 보세요. 그리고 의견을 포스트잇에

써서 붙여 주세요.

교수와 학생들: (모두 돌아다니면서 다른 팀들이 작성한 것들을 읽고 의견을 포스트잇에 써서 붙인다)

교　수: (15분 후) 마치겠습니다. 이제 자기 팀 것을 가지고 자리에 앉아 주세요. 다른 친구들의 의견들은 학습 포인트를 정리할 때 참고하세요. 이제 오늘 여러분이 작업한 내용에 대한 질문 받겠습니다.

학생들과 교수: (질의 및 응답, 발표내용과 관련된 보충 강의)

교　수: 마무리하겠습니다. 다음 주에는 지금까지의 실천과 학습내용에 대해 정리하는 시간을 가지겠습니다. 역량별로 이렇게 정리해 주세요.

첫째, 해당 역량에 대한 정의 및 중요성을 쓴 후,

둘째, 역량 향상을 위한 효과적인 전략

셋째, 두 가지 실행 사례

넷째, 두 가지 학습 포인트

각 항목별로 ppt 1쪽씩, 총 4~5쪽을 준비해 주세요.

8단계: 최종 성찰

(각 팀은 작성한 내용을 벽에 붙인 후 학생들은 팀별로 5분씩 부스에 머무르면서 읽고 평가를 한다.)

학생들과 교수: (질의 및 응답, 발표내용과 관련된 보충 강의를 하면서 마무리한다.)

❶ 모든 수업에 액션러닝을 사용해야 하는가?

> 모든 수업은 고유의 학습목표를 가지고 있다. 그 목표에 도달하기 위한 방법이 액션러닝일 수 있지만, 그렇지 않을 수도 있다. 따라서 학습목표가 무엇인가에 따라 액션러닝을 할지 강의식 수업을 할지 결정해야 할 것이다. 액션러닝은 수업목표에 지식의 통합적 이해, 실제적인 과제해결 능력, 협동학습 능력, 자신감 있는 태도를 함양하는 것이 포함되어 있을 때 적절한 수업 방법이 될 수 있다.

❷ 모든 수업을 액션러닝 방식으로 운영할 수 있는가?

> 모든 수업을 액션러닝 방식으로 운영할 수 있다. 그러나 1번 질문에 대한 답변처럼 운영할 수 있다는 것과 가장 적절한 방법이라는 것은 다르다. 따라서 담당하는 교과목의 학습목표를 먼저 꼼꼼하게 살펴본 후 액션러닝으로 운영할 것인지의 여부를 결정해야 한다.

❸ 16주 수업 중 액션러닝을 어느 정도 운영하는 것이 적절한가?

> 과제가 무엇인가에 따라 다르다. 학생들이 해결해야 하는 과제의 난이도나 해결 기간을 미리 고려하여 액션러닝의 과제해결 과정별 기간을 계획해야 할 것이다. 즉, '과제 명확화 → 연구 → 해결안 모색 → 실행'으로 진행되는 과정을 16주 중 어떻게 배정할 것인가에 따라 달라질 것이다. 예를 들면, 1~3주차에 과제 명확화, 4~6주차에 연구, 7주차에 해결안 모색, 8~13주차에 실행을 한다면 14~15주차에 학생들의 최종 발표를 계획할 수 있다.

❹ 액션러닝으로 수업할 때 과제는 몇 개를 다루는 것이 좋은가?

> 역시 과제가 무엇인가에 따라 다르다. 그러나 대체로 액션러닝을 실행해 보는 것이 중요하므로 개수보다는 과제해결 프로세스를 충분히 경험할 수 있도록 설계하는 것이 중요하다. 가능한 교과목에서 배워야 하는 내용을 모두 포함할 수 있는 난이도 있는 과제를 선정하여 한 학기 동안 충분히 고민하고 실행해 볼 수 있도록 설계하는 것이 바람직하다.

❺ 액션러닝으로 수업할 때 팀별로 동일한 과제를 하는 것이 좋은가? 다른 과제를 하는 것이 좋은가?

> 팀별로 동일한 과제를 할 것인가, 다른 과제를 할 것인가는 교과목 및 다루는 과제의 성격에 따라 다르지만, 대부분 학생들이 스스로 과제를 발굴하기 때문에 팀마다 다른 과제를 하는 것이 보편적이다. 그러나 팀별로 다른 과제를 해결한다고 해도 이들이 학습하는 것은 동일해야 한다. 예를 들면, 팀별로 각기 다른 교수의 수업을 컨설팅하더라도 이들은 공통적으로 학습목표인 '수업 설계의 과정'에 대해 알고 경험해야 한다. 팀별로 다른 기업의 문제를 해결한다면 공통적으로 학습목표인 '조직 문화에 대한 이론과 접근 방법'에 대해 알고 경험해야 한다.

❻ 액션러닝으로 학습내용을 충분히 다룰 수 있는가?

> 액션러닝으로 모든 학습내용을 다룰 수도 있지만, 주어진 상황에 따라 조정할 수 있다. 경험이나 실행을 통한 학습이 보다 효과적인 부분은 액션러닝을 하도록 하고 나머지 부분은 강의법을 비롯한 다른 교수법을 활용할 수 있을 것이다.

❼ 액션러닝으로 수업을 운영하는 과정에서 학습자들이 잘 참여하지 않으면 어떻게 해야 하는가?

　액션러닝은 강의와 달리 학습자를 적극적으로 참여시키는 노력이 필요하다. 수업 분위기를 활성화시키기 위한 교수자의 열린 태도와 팀 활동에 대한 지속적 관심이 중요하다. 또한 팀 빌딩이 잘되면 팀 학습뿐 아니라 전체 수업 분위기도 좋아진다.

❽ 학생들이 과제 수행 중 기업 등 과제를 의뢰한 의뢰인의 협조를 받는 것이 어렵다고 하면 어떻게 해야 하는가?

　이 경우 학생들이 의뢰인의 협조에 너무 에너지를 쏟지 않도록 교수자가 도움을 주는 것이 좋을 것이다. 예를 들면, 학교 수업의 연장임을 알리는 공식 문서인 협조문을 보내거나 전화 또는 메일 등으로 협조를 구할 수 있다. 그러나 이러한 방법으로도 해결되지 않는다면 학생들과 상의하여 다른 의뢰인을 찾아보는 것이 바람직하다.

❾ 처음으로 액션러닝 수업을 할 때 가장 유의해야 할 것은?

　의욕이 지나치게 앞서서 학생들이 수행해야 할 프로세스와 결과물 수준에 대한 높은 기대치를 갖는 것이다. 이는 학생들의 과제 부담으로 이어져 강의 불만족의 원인이 된다. 과제의 범위와 양, 수행해야 할 내용 등을 적절히 조절하고, 수시로 학생들로부터 피드백을 받는 것이 필요하다.

❿ 액션러닝을 잘 운영하기 위해 교수자로서 무엇을 더 준비하고 공부해야 하는가?

　교수자 먼저 과제의 프로세스에 따라 자신이 먼저 고민하고 시나리오를 구상해 봐야 한다. 이 과정에서 학생들이 겪게 될 고민과 문제 상황 등을 미리 예상한 후 적절한 질문과 코칭 내용을 준비해야 한다. 특히 좋은 질문을 던질 수 있도록 질문 기술을 위한 학습이 필요하다.

참고문헌

고수일, 김형숙, 김종근 역(2009). 회의에 날개를 달아주는 퍼실리테이션 스킬. Wilkinson, M.의 *The secret of facilitation*. 서울: 다산서고.

고수일, 조은별(2012). 조직과 사람을 읽는 멀티프레임. 서울: 지필미디어.

김위찬, 르네 마보안(2008). 블루오션 전략. 서울: 교보문고.

김재명 역(2009). 애스킹. Fadem, T.의 *The art of asking*. 서울: 쌤앤파커스.

박수홍, 안영식, 정주영(2010). 체계적 액션러닝. 서울: 학지사.

서정돈, 안병헌, 손희정 역(2005). 하워드 배로우스 박사의 튜터식 교수법. Barrows, H. S.의 *The tutorial process*(3rd ed.). 서울: 성균관대학교 출판부.

성태제, 시기자(2006). 연구방법론. 서울: 학지사.

송창석(2011). 새로운 민주시민 교육방법. 서울: 백산서당.

이종인 역(2012). 유쾌한 이노베이션. Kelly, T. & Littman, J.의 *The art of innovation*. 서울: 세종서적.

이태복 역(2004). 액션러닝의 힘. Marquardt, M. J.의 *Optimizing the Power of Action Learning*. 서울: 패러다임컨설팅.

이호철(2009). 맥킨지식 문제해결 로직트리. 서울: 어드북스.

장경원(2011). 학습자 중심 교육에서 '블랭크 차트'의 활용전략에 대한 연구. 교육방법연구, 23(2), 299-321.

장경원(2013). 대학에서의 액션러닝을 위한 과제 설정 과정 연구. 한국 HRD 연구, 8(1), 73-96.

장경원, 고수일(2013). 경영학 수업에서의 액션러닝 적용 사례 연구: 성찰저널을 통한 효과성 분석을 중심으로. 교육공학연구, 29(3), 689-721.

장경원, 박수정(2011). 액션러닝을 활용한 체험학습 프로그램 사례연구. 열린교육연구, 19(2), 99-120.

장경원, 성지훈(2012). 문제중심학습의 소집단 구성방식에 대한 대학생들의 인식. 학습자중심교과교육연구, 12(4), 231-260.

장경원, 이은정, 배상원(2013). 창의기초설계. 파주: 생능출판사.

장경원, 이지은(2009). 학습자 중심 교육에 대한 교육행정가, 교사, 예비교사의 인식 비교 연구. 학습자중심교과교육연구, 9(1), 315-339.

조천제 역(2003). 칭찬은 고래도 춤추게 한다. Blanchard, K., Thompkins, C., Ballard, J., & Lacinak, T.의 *Whale Done!: The power of positive relationship*. 서울: 21세기북스.

직업능력개발원(2009). 대학생 직업기초능력 진단평가 체제 구축. 한국직업능력개발원 연구보고서.

최소영 역(2007). 월드카페. Brown, J. & Isaacs, D.의 *The World Café*. 서울: 북플래너.

최정임, 장경원(2010). PBL로 수업하기. 서울: 학지사.

Anderson, R. S. (1998). Why talk about different ways to grade? The shift from traditional assessment to alternative assessment. In R. S. Anderson & B. W. Speck (Eds.), Changing the way we grade students' performance: classroom assessment and the new learning paradigm. *New Directions for Teaching and Learning, no. 74*. San Francisco: Jossey-Bass.

Anderson, R. S., & Puckett, J. B. (2003). Assessing students' problem-solving assignments. In D. S. Knowlton & D. C. Sharp (Eds.), Problem-Based Learning in the Information Age. *New Directions for Teaching and Learning, no. 95*. San Francisco: Jossey-Bass.

Barrows, H. S. (1985). *How to design a problem-based curriculum for the preclinical years*. New York: Springer.

Barrows, H. S. (1994). *Practice-based learning: Problem-based learning applied to medical education*. Springfield, IL: Southern Illinois University School of Medicine.

Barrows, H. S. (1996). Problem-based learning in medicine and beyond: A brief overview. In L. Wilkerson & W. H. Gijselaers (Eds.), *Bringing problem-based learning to higher education: Theory and Practice*. CA:

Jossey-Basse Inc.

Bartunek, J. M., & Murnighan, J. K. (1984). The nominal group technique: Expanding the basic procedure and underlying assumptions. *Group and Organization Studies, 9*, 417-432.

Blumberg, P. (2000). Evaluating the evidence that problem-based learners are self-directed learners: A review of the literature. In D. H. Evensen & C. E. Hmelo (Eds.), *Problem based learning: A research perspective on learning interactions* (pp. 199-226). NJ: Lawrence Erlbaum Associates.

CDC (Ed.). (2006). *Gaining Consensus Among Stakeholders Through the Nominal Group Technique.* Evaluation Research Team.

Chang, K. W. (2010). A case study of problem-based learning and action learning at a university. *Educational Technology International, 11*(1), 145-169.

Cunningham, I. (1999). *The Wisdom of Strategic Learning: The Self Managed Learning Solution* (2nd ed.). London: Gower.

Hall, T., & Strangman, N. (2002). Graphic organizers. Wakefield, MA: National Center on Accessing the General Curriculum. Retrieved [2.2.2011] from http://aim.cast.org/learn/historyarchive/backgroundpapers/graphic_org anizer.

Hammer, M., & Stanton, S. A. (1997). The Power of Reflection. *Fortune, 136*(10), 291-296.

Heinrich, R., Molenda, M., Russell, J. D., & Smaldino, S. E. (1996). *Instructional Media and Technologies for Learning.* Englewood Cliffs, NJ: Merrill.

IMD (2010). *World Competitiveness Yearbook.*

Jonassen, D. H. (2000). Toward a design theory of problem solving. *Educational Technology Research and Development, 48*(4), 63-85.

Kamal K. (2003). *IDS Working Paper 184: Subsidy or Self-Respect? Participatory Total Community Sanitation in Bangladesh.* Brighton: Institute Of Deve - lopment Studies.

Kamal K. (2010). *Facilitating "Hands-on" Training Workshops for CLTS: A*

Trainer's Training Guide. Geneva: Water Supply & Sanitation Collaborative Council.

Kelley. T., & Littman, J. (2001). *Art of Innovation.* New York: Bantam Books.

Knie β , M. (1995). *Kreatives Arbeiten.* München: DTV–Beck.

Kornikau, R., & McElroy, F. (1975). *Communication for the safety professional.* National Safety Council: Chicago.

Kotter, J. P. (1998). Winning at change. *Leader to Leader, 10,* 27−33.

Lambros, A. (2004). *Problem−based learning in middle and high school classroom: A teacher's guide to implementation.* CA: Corwin Press.

Marquardt, M. J. (1999). *Action learning in action.* Palo Alto, CA: Davies− Black.

Marquardt, M. J. (2006). *Leading with questions.* San Francisco: John Wiley & Sons, Inc.

Marquardt, M. J., Leonard, S., Freedman, A., & Hill, C. (2009). *Action learning for developing leaders and organizations.* Washington, DC: American Psychological Press.

Marsick, V., Cederholm, L. Turner, E., & Pearson, T. (1992). Action Reflection Learning. *Training and Development, 46*(8), 63–66.

O'neil, J., & Marsick, V. (2007). *Understanding action learning.* New York: American Management Association.

Osborn, A. F. (1963). *Applied Imagination: Principles and Procedures of Creative Problem−Solving* (2nd ed.). New York: Charles Scribner's Sons.

Palloff, R. M., & Pratt, K. (1999). *Building learning communities in cyberspace: effective strategies for the online classroom.* San Francisco: Jossey− Bass.

Rasiel, E. (1999). *The McKinsey Way.* New York: McGraw−Hill.

Rasiel, E., & Friga, P. (2001). *The McKinsey Mind: Understanding and Imple- menting the Problem−Solving Tools and Management Techniques of the World's Top Strategic Consulting Firm.* New York: McGraw−Hill.

Revans, R. (1980). *Action learning: New techniques for management.* London:

Blond & Briggs, Ltd.

Rohrbach, B. (1969). Kreativ Nach Regeln-Methode 635, Eine Neue Technik Zum Lösen Von Problemen. *Absatzwirtschaft, 12*(19), 73-75.

Schröoer, B., Kain, A., & Lindemann, U. (2010) Supporting creativity in conceptual design: Method 635-extended. In D. Marjanović, M. Š.torga, N. Pavković, & N. Bojč.etić (Eds.), *11th International Design Conference DESIGN 2010*. Dubrovnik-Croatia.

Woods, D. (1994). *Problem-based Learning: How to Gain the Most from PBL*. Hamilton, ON: McMaster University.

http://www.communityledtotalsanitation.org/page/clts-videos(Top Down, Bottom Up, CLTS in Bangladesh).

http://www.ideo.com/work/shopping-cart-concept/(Shopping Cart Concept for IDEO).

찾아보기

| 내용 |

저자소개

■ 장경원

서울대학교 대학원에서 교육공학 석사학위와 박사학위를 받았다. 경희대학교 교수학습지원센터 교수를 거쳐 현재는 경기대학교 교직학과 교수로 재직하고 있다. 수업설계와 분석, 문제중심학습의 전문가이며, 액션러닝의 러닝코치로 활동하면서 수업설계, 액션러닝, 문제중심학습, 학교컨설팅, 긍정적 탐색, 문제해결능력 개발, 교사 교육에 대한 연구 및 교육을 하고 있다.

주요 저서 및 논문
『교육공학의 원리와 적용』(공저, 교육과학사, 2012)
『창의기초설계』(공저, 생능출판사, 2012)
『자기관리와 미래준비』(공저, 경문사, 2011)
『정보와 자원관리』(공저, 경문사, 2011)
『PBL로 수업하기』(공저, 학지사, 2010)
「경영학 수업에서의 액션러닝 적용 사례연구」(2013)
「대학에서의 액션러닝을 위한 과제 선정 과정 연구」(2013)
「AI(Appreciative Inquiry) 기반 수업 역량 향상 프로그램 개발 연구」(2012)
「대학교육을 위한 Action Learning 프로그램 설계모형 개발 연구」(2011)
「액션러닝을 활용한 체험학습 프로그램 사례 연구」(2011)
「액션러닝을 활용한 학교컨설팅 사례 연구」(2011) 외 다수

■ 고수일

프랑스 Paris IX-도핀 대학교에서 D.E.A(박사기초학위)를 받고 Paris I-소르본 대학교에서 인적자원관리 박사학위를 받았다. 현대경제연구원 연구위원을 거쳐 현재는 전북대학교 경영학부 교수로 재직하고 있다. 리더십과 조직개발 분야의 전문가이며 액션러닝의 러닝코치로 활동하면서 리더십, 액션러닝, 인간관계에 대한 연구 및 교육을 하고 있다. 액션러닝 수업을 통해 2012년 전북대학교 최우수 수업상, SBS 대학 100대 명강의를 수상하였다.

주요 저ㆍ역서 및 논문
『멀티 프레임』(공저, 지필, 2012)
『사회인과 대인관계』(공저, 경문사, 2011)
『정보와 자원관리』(공저, 경문사, 2011)
『퍼실리테이션 스킬』(공역, 다산서고, 2009)
『프레임 리더십』(명경사, 2007)
「경영학 수업에서의 액션러닝 적용 사례연구」(2013) 외 다수

2판
액션러닝으로 수업하기

2013년 1월 10일 1판 1쇄 발행
2013년 5월 15일 1판 2쇄 발행
2014년 1월 20일 2판 1쇄 발행
2019년 10월 10일 2판 7쇄 발행

지은이 • 장경원 · 고수일
펴낸이 • 김 진 환
펴낸곳 • (주)**학 지 사**
　　　　04031 서울특별시 마포구 양화로 15길 20 마인드월드빌딩 5층
대표전화 • 02) 330-5114　　　팩스 • 02) 324-2345
등록번호 • 제313-2006-000265호
홈페이지 • http://www.hakjisa.co.kr
페이스북 • https://www.facebook.com/hakjisabook

ISBN 978-89-997-0265-5 93370

정가 **16,000**원

이 도서의 국립중앙도서관 출판시도서목록(CIP)은 서지정보유통지원시스템
홈페이지(http://seoji.nl.go.kr)와 국가자료공동목록시스템(http://www.nl.go.kr/kolisnet)
에서 이용하실 수 있습니다.
(CIP제어번호: CIP2013028013)

출판 · 교육 · 미디어기업 **학 지 사**

간호보건의학출판 **학지사메디컬** www.hakjisamd.co.kr
심리검사연구소 **인싸이트** www.inpsyt.co.kr
학술논문서비스 **뉴논문** www.newnonmun.com
원격교육연수원 **카운피아** www.counpia.com